百年征程壮阔　青春赋彩新篇

——2020—2021年大学生优秀社会调查报告

何海霞　　叶晓静　　主编

中国海洋大学出版社

· 青岛 ·

图书在版编目（CIP）数据

　　百年征程壮阔．青春赋彩新篇：2020—2021年大学生优秀社会调查报告 / 何海霞，叶晓静主编． — 青岛：中国海洋大学出版社，2023.10
　　ISBN 978-7-5670-3427-3

　　Ⅰ．①百… Ⅱ．①何… ②叶… Ⅲ．①大学生 – 社会调查 – 调查报告 – 海口 – 2020-2021 Ⅳ．①G642.45

　　中国国家版本馆CIP数据核字（2023）第193528号

BAINIAN ZHENGCHENG ZHUANGKUO　QINGCHUN FUCAI XINPIAN

百 年 征 程 壮 阔　　青 春 赋 彩 新 篇
——2020—2021 NIAN DAXUESHENG YOUXIU SHEHUI DIAOCHA BAOGAO
——2020 — 2021 年 大 学 生 优 秀 社 会 调 查 报 告

出版发行	中国海洋大学出版社
社　　址	青岛市香港东路23号
邮政编码	266071
出 版 人	刘文菁
网　　址	http://pub.ouc.edu.cn
电子信箱	1922305382@qq.com
订购电话	0532-82032573 （传真）
责任编辑	陈　琦　　　　**电　话**　0898-31563611
印　　制	海口景达鑫彩色印刷有限公司
版　　次	2023年10月第1版
印　　次	2023年10月第1次印刷
成品尺寸	170 mm × 240 mm
印　　张	10.5
字　　数	187千
印　　数	1—1400
定　　价	42.00元

如发现印装质量问题，请致电0898-66748506调换。

前　言

　　《百年征程壮阔 青春赋彩新篇》是大学生暑期社会实践报告的合集，是海口经济学院2020—2021年大学生暑期社会实践调研活动的成果结晶，也是主题教育"学思想，强党性，重实践"的最新成果，更是贯彻落实习近平总书记关于青年工作的重要思想、记录青年学生深入了解祖国建设和家乡发展的生动实践。

　　2015年以来，海口经济学院马克思主义学院联合学校党委工作部、教务处、学生工作部、校团委等职能部门和二级学院，连续开展在校大学生暑期社会实践系列活动。指导学生走进社区、走进乡村、贴近社会、深入实践，通过丰富的调研形式开展主题调研，完成社会实践调研报告。几年来，通过推优遴选、整理汇编，先后公开出版了《实践激扬青春 创新放飞梦想》《壮行千山万水 筑梦花样年华》2本学生调查报告文集。目前，《百年征程壮阔 青春赋彩新篇》也汇编成集，这是海口经济学院2020级、2021级学生在建党百年之际给党的生日献礼。

　　2020—2021年，海口经济学院共有1万余名学生参与暑期社会实践调查活动，收到社会实践调查报告2694份，内容涉及红色文化的保护，海南黎锦、琼剧及民俗文化的传承，海南特色小城镇、自由贸易港的建设，大学生校园文化的建设，优秀家风的育人价值，地域文化与地方产业的联系，大学生心理健康问题、毒品防范意识、消费观念、创业情况的调查等方面。其中有21份调查报告通过推优遴选编入此合集，分别录入自由贸易港建设、红色记忆、文化传承、校园热点、岛外掠影5个篇目。这些调查成果是新时代的青年学子们投身社会实践、融入社会生活的真实反映。

　　社会实践是新时代高校思想政治教育教学的重要组成部分，我们将继续推动暑期社会实践调研活动深入开展，在实践中培养青年大学生厚植爱国主义情怀，把爱国情、强国志、报国行自觉融入坚持和发展中国特色社会主义事业、建设社会主义现代化强国、实现中华民族伟大复兴的奋斗之中。

编　者

2022年10月

目　录

自由贸易港建设

关于大学生对于海南自由贸易港建设的看法和展望的调查

杨亚洲　张择昊　符卓偲　苏玉笋　陈姝璟

引　言

改革开放以来，中国对外开放的坚定决心和大国担当始终坚定不移，人们也越发地感受到了对外开放为我们生活所带来的便捷与美好，让我们可以感受到更多元的世界文化。海南建设自由贸易港（简称"自贸港"）是以高水平对外开放打造国际合作和竞争新优势的有力武器，也是加快完善我国社会主义市场经济体制的时代要求，新时期海南自由贸易港的建设对于当代大学生的机遇与挑战，是我们当前应该思考的问题。

为了让大家更清晰地认识海南自由贸易港建设的基本情况，了解它所带来的机遇，从而更好地把握住机会为海南的发展贡献自己的力量，我们团队对此进行了相关的调查。

一、调查设计

（一）调查对象

从QQ及微信中随机抽取150个大学生网友进行网上问卷调查。

（二）调查方法

本次调查采用小组自己编写的网上问卷《海南省高校大学生对海南自由贸易港建设认知情况调查》进行，问卷设置了8个单选题、9个多选题、1个打分题以及1个填空题。

作者杨亚洲、张择昊、符卓偲、苏玉笋、陈姝璟，均为海口经济学院网络学院2019级计算机科学与技术2班学生；指导教师张立，为海口经济学院马克思主义学院教师。

（三）调查时间

本次调查时间为2020年8月10日至2020年8月25日。

（四）问卷回收

本次调查实际发放问卷150份，回收有效问卷127份，有效回收率84.67%。

（五）数据处理

通过筛选后由问卷系统软件回收数据自动生成统计表，并产生各项比例。

二、调查结果与分析

（一）大学生对海南自贸港认知的具体分析

海南遵循中央政府的计划和部署，在整个海南岛上建立了自由贸易试验区和自由贸易港，该政策是综合我国发展，结合深入研究之后做出的决定。在过去的几十年中，海南省在经济建设方面取得了巨大成就，从边陲小岛发展成了我国面向世界的重要窗口。在经济特区建设的过程中，海南也积累了许多宝贵的经验。作为当代大学生，我们在如何建设海南自由贸易港的实际行动中，首先要了解海南建设自由贸易港的背景及相关政策，以便更好地分析海南在建设自由贸易港方面的优势。

我们此次发放问卷的调查结果显示，对海南自贸港建设背景及相关政策非常清楚的人占5.51%，大致了解的人占37.79%，知道一点的人占40.16%，完全不知道的人占16.54%（图1）。此数据说明，建设海南自贸港政策的宣传教育力度尚不足，非常清楚的人数较少，大部分人只是对自贸港政策有所耳闻，但没有深入学习。通过图2可以看出，对海南自贸港了解较多的大学生多数为海南户籍，由此说明在海南本地的政策宣传推广较好，但其他地方对岛内政策了解较少，仍需扩大宣传，以便营造社会关心、全民关注的浓厚氛围，为岛内吸引更多人才，推动海南自贸港建设。

对于通过何种渠道了解海南自贸港政策这一问题，通过调查数据可知，85.45%的人由网络媒体了解，而有76.36%的人是通过电视渠道了解（图3）。可以看出，新兴的网络媒体和传统的电视媒体仍然是大多数人获取信息的渠道。可以增加在线媒体和电视频道的宣传，在做好宣传报道的基础上，更加聚焦深入，通过自贸港政策的实施、针对不同的人群，使得更多人能够了解认知海南自贸港政策，以吸引人才的流入。在调查中，学校宣传仅占47.27%，说明学校的宣传力度不足。在大学中，学校的宣传推广对于人才的输出影响很重，所以相关部门在为海南自贸港建设吸引人才时，可加大与学校的联动，扩大宣传，增加福利政策，在高校的教育教学中融入海南自贸港建设要素，让自贸港的政策宣传更有力、更聚焦。

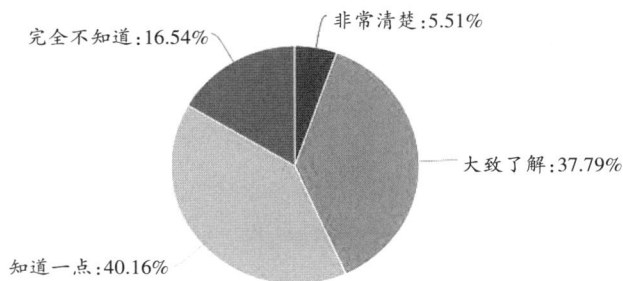

完全不知道:16.54%　非常清楚:5.51%

大致了解:37.79%

知道一点:40.16%

图1　大学生对海南自贸港政策的了解程度

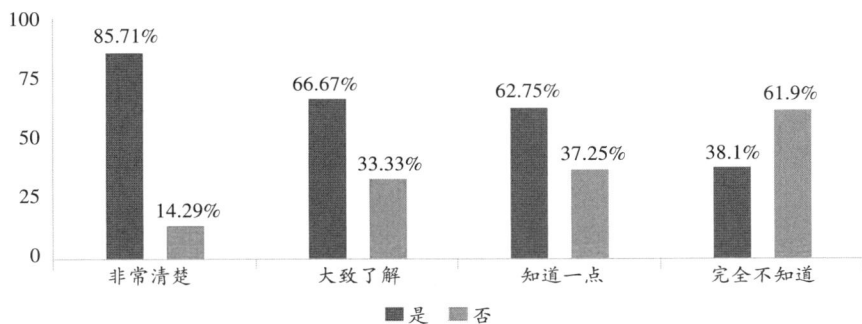

图2　以户籍是否在海南为前提调查了解程度

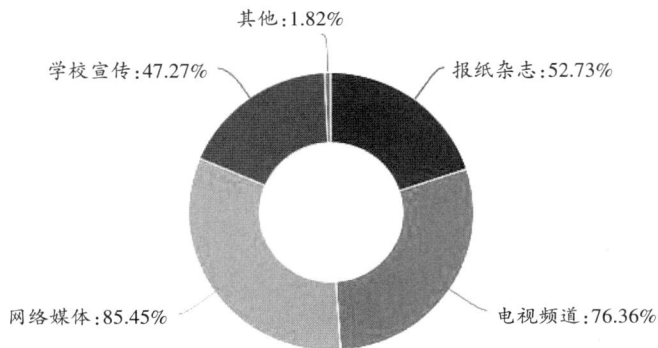

其他:1.82%

学校宣传:47.27%　报纸杂志:52.73%

网络媒体:85.45%　电视频道:76.36%

图3　通过何种渠道了解海南自贸港政策（多选）

（二）海南自贸港政策的调查与分析

1. 大学生对海南自贸港建设前景的看法

《海南自由贸易港建设总体方案》指出："海南是我国最大的经济特区，具有实施全面深化改革和试验最高水平开放政策的独特优势。支持海南逐步探索、稳步推进中国特色自由贸易港建设，分步骤、分阶段建立自由贸易港政策和制度体系，是习近平总书记亲自谋划、亲自部署、亲自推动的改革开放重大举措，是党中央着眼国内国际两个大局，深入研究、统筹考虑、科学谋划作出的战略决策。"根据我们此次发放问卷的调查结果，对自贸港建设发展前景的评价分值为5分的占34.65%，评价分值为4分的占33.07%，评价分值为3分的占27.56%，评价分值为2分的占2.36%，评价分值为1分的占2.36%，5分的占比较大（图4）。说明大学生认为海南自由贸易港的发展建设前景较好。海南自由贸易港的发展建设前景良好对于大学生的就业和毕业去向是具有一定的带动作用的，这使得大多数大学生对于海南自由贸易港建设的前景评价分值在3分以上。

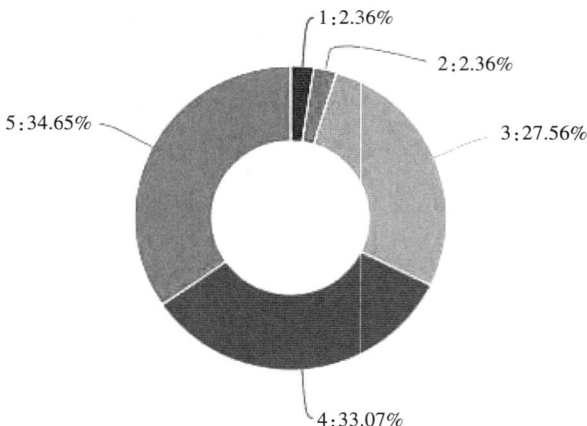

图4　大学生对海南自贸港建设前景的评价分值

2. 了解毕业生对在海南发展的意愿，并提出相关建议

通过图5可知，66.14%的毕业生愿意留在海南发展，33.86%的毕业生对海南未来的发展建设信心不足。应不断加强就业政策及自由贸易港建设政策的深入学习，了解每一届高校毕业生的基本状况、就业意向，听取意见建议。在此过程中，应该更加注意几点：一是围绕毕业生关切的问题，了解高校毕业生的关注点及具体需求，在毕业生较为关注的落户自由、安居保障、事业平台等方

面发力；二是立足本省需求，海南自贸港建设最关键的因素是人才，在自贸港建设起步阶段，每个行业链的位置都需要各个专业的人才；三是突出比较优势，梳理对照其他省份硬核政策，在跨度、力度上力争形成组合政策优势，如可自由落户以推动充分就业；四是着眼落地实施，注重细化、实化政策制定环节，明确责任主体，落实相关政策。

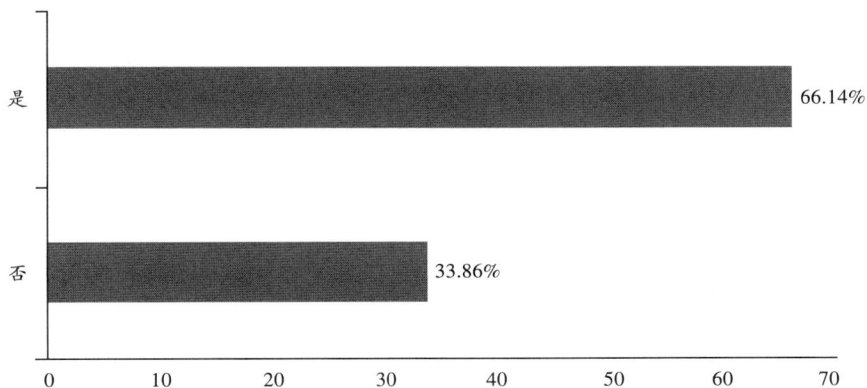

图5　大学生毕业后是否愿意留在海南发展

3. 影响海南自贸港建设的因素

根据图6可以看出，受访者认为，缺乏管理经验、环境污染、人才流失、缺少经济基础等是影响海南自由贸易港建设发展的因素。在影响海南自由贸易港发展因素的比例图中，由于影响发展的有许多不可控的因素，该问题设置为多选题，结果显示，缺乏管理经验占71.65%，环境污染占35.43%，人才流失占66.93%，缺少经济基础占71.65%，而其他因素占14.17%。这说明大学生认为海南自由贸易港建设的主要影响因素是经济基础、管理经验以及人才市场。在海南自由贸易港建设当中，我们要注重经济基础以及吸引各类人才的发展。海南建设自由贸易港，是推进高水平开放，建立开放型经济新体制的根本要求；是深化市场化改革，打造法治化、国际化、便利化营商环境的迫切需要；是贯彻新发展理念，推动高质量发展，建设现代化经济体系的战略选择；是支持经济全球化，构建人类命运共同体的实际行动。而要有效达成目标，对影响因素的把控是不可少的。

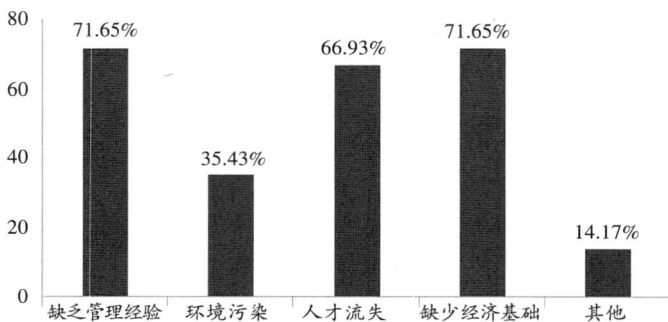

图6　大学生认为海南自贸港建设发展的影响因素（多选）

（三）海南自贸港建设的优势

通过分析调研结果得知，82.68%的受访者认为海南自贸港建设的优势条件是国家大力支持，81.1%认为是地理位置优越，70.08%认为是全岛免税政策，67.72%认为是气候好，其他原因仅为1.75%。

1. 地理位置

海南是一个相对独立的地理单元，是中国7个经济特区中唯一的省级经济特区。其面积最大，优良港口众多，海运条件优越，等等，使其在自由贸易发展时具有明显的区位优势。海南周边也可以说是覆盖了全国沿海主要港口的内贸航线网络和东南亚及亚欧的外贸航线。海南岛有美兰、凤凰、博鳌3个机场，其中美兰机场就能保证最高年旅客吞吐量达到4500万人次。海南的经济区位与香港为邻，其东北方是隔海相望的台湾，隔琼州海峡有珠江三角洲，外侧为东南亚，既有经济腹地的依托，也受到经济发达区的辐射，便于与其进行牵引联系，更好地发展经济。

2. 本地资源

海南早先发展缓慢的原因是工业发展不足、交通不便利、产业单一、人才流失等。自1988年建省开始，最先改革交通，田字形高速公路网全面建成，还有热带环岛高铁。与中国香港和新加坡相比，海南拥有更多可供利用的土地资源和自然资源以及更加良好的生态环境，不管是资源禀赋还是政策支持都要强于前者，从起点上来看，海南更高。

3. 海南政策

如今海南经济自成一体，全岛免税政策是海南自贸港建设的一大优势，直接利好旅游、餐饮、仓储、物流、文创等行业。自贸港政策下的11个不同园区——经济开发区、医疗旅游先行区、高新技术产业开发区等，以前各园区由省市政府赋予政策推动实体经济，而现在海南省对重点园区下放权限，把专业的事交给更专业的团队。不仅如此，还有企业所得税分阶段减免，在2025年之前，只要是符合注册地在海南，并且确实在海南办公的标准，企业享受15%的企业所得税优惠税率；在2025年之后，只要是不在负面清单之中的行业，所有在海南的企业一律按15%的比例收取所得税，而本身所得税就比15%低的特殊行业，则可以按更低的比例缴税。此举会引入一批高收入企业来琼注册，也就能解决海南省行业单一的痛点。2025年之前在海南自贸港工作的高端人才和紧缺人才，个人所得税最高只要15%，而在其他省最高可达到45%。在2025年至2035年，只要在岛内居住满183天的个人，来源于海南自贸港范围内的综合所得和经营所得都按3%、10%、15%三档超额累进税费征收。这样一来，对人才的引进也有了助力。

（四）影响海南自贸港发展的因素

2018年，中共中央提出探索建设中国特色自由贸易港，支持海南建设高质量的自由贸易试验区。2020年6月，中共中央、国务院印发《海南自由贸易港建设总体方案》，提出将海南打造成具有影响力的自由贸易港。

在此之前，海南曾经有两次机会。一次是设立为省，因为招商引资减税都不够有吸引力，再加上交通不畅和海外关系较少，引资力度和规模不够理想，房地产的恶性开发又导致了政府公信力不足，等等，结果不尽如人意；一次是建设国际旅游岛，结果却是大量房地产的开发，海滩环境被破坏，以及旅游市场行为不规范，存在拉客宰客等行为，致使部分旅客流失。故而第三次机遇来临的今天，须反省之前两次不尽如人意的原因，加以改正。

1. 制度的设计与严格的监管

海南设立为省与建设国际旅游岛，都出现了同一个问题，那就是房地产投资泡沫。为避免海南再度出现同样的问题，政府如何进行制度的设计以及严格的监管成了重要挑战，须提出符合海南特色的政策安排。

2. 如何利用自身优势弱化阻碍目标的短板

根据《海南自由贸易港建设总体方案》，可知海南的发展目标为"三区一中心"，即全面深化改革开放实验区、国家生态文明试验区、国家重大战略服务保障区和国际旅游消费中心。但这只是一个大方向目标，还需要更加细化出具体目标，利用自身优势弱化阻碍。

海南岛作为中国南部大岛，对内与香港、台湾、珠江三角洲联结，对外与东南亚相邻，方便内引外联，发展经济。同时靠近东亚与东南亚之间的国际深水航道，便于发展外向型经济。海南省是我国海洋面积最大的省，南海的绝大部分都属于海南省，广阔的海域为经济的可持续发展提供了丰富的资源。

3. 旅游业的充分利用

自由贸易港与旅游相结合，二者相互促进，相互发展。海南自由贸易港开放程度之高前所未有，零关税、简税制、低税率、放权审批、更开放的市场化运行等，充分利用这些，有益于发展。

（五）海南自由贸易港与本土居民之间相互关系的具体分析

1. 关于海南自由贸易港产生的影响

近些年，中国市场受到众多外资的青睐，海南自贸港着力打造投资自由便利，只要在国家明令禁止以外的都可以在海南投资，除非有强制性的标准和法律的禁止，原则上政府取消审批，企业直接实行备案制、承诺制，符合条件就可以直接开展业务。投资环境变得更加自由，海南的创业成功概率不断提高，海南自由贸易港的建设大力吸引外资以及市场主体，带来了许多大项目，自然也让海南有了大机遇。海南从全国引进80多家涵盖幼儿园到中学的优秀学校以及50多家各类优质医疗机构，让海南居民可以接受更优质的教育和医疗资源。《海南自由贸易港建设总体方案》中指出：实行部分进口商品零关税政策。除法律法规和相关规定明确不予免税、国家规定禁止进口的商品外，对企业进口自用的生产设备，实行"零关税"负面清单管理；对岛内居民消费的进境商品，实行正面清单管理，允许岛内免税购买。这样就使得海南居民可以购买许多价格更低一点的进口生活用品。

在自由贸易港建设的推动下，海南的市场主体和就业岗位都有了很大程度的增加，就业岗位明显增多是给海南居民带来的最直观的感受，其中有很大一部分就业岗位的公司来自世界500强企业，不仅就业岗位增多了而且岗位的质量也有了提升。此次调查结果显示，关于海南自由贸易港给海南居民带来的好处，72.44%的人认为这样会增加居民的收益；71.65%的人认为会吸引更多的人才，扩大人才资源；70.08%的人认为会给海南的旅游业带来发展机遇，延伸出更多的旅游线路；66.14%的人认为会带来更多的就业岗位，就业概率扩增（图7）。此外，有48.03%的人认为自贸港建设能为大学生提供比普通地区多的就业机会（图8）。由此可见，大学生对于海南自由贸易港的建设持有非常积极的态度，认为海南自由贸易港的建设会带来许多优惠的条件。

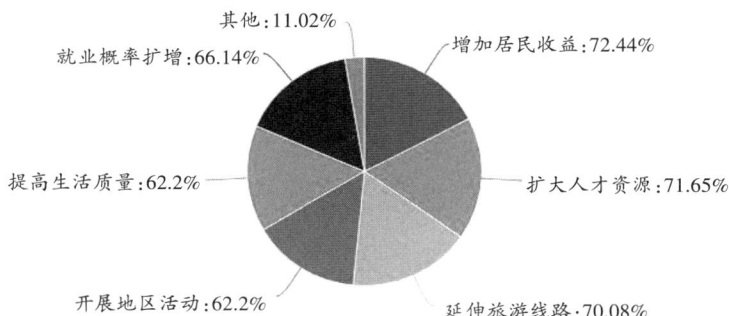

图7 海南自由贸易港会给本地居民带来哪些好处（多选）

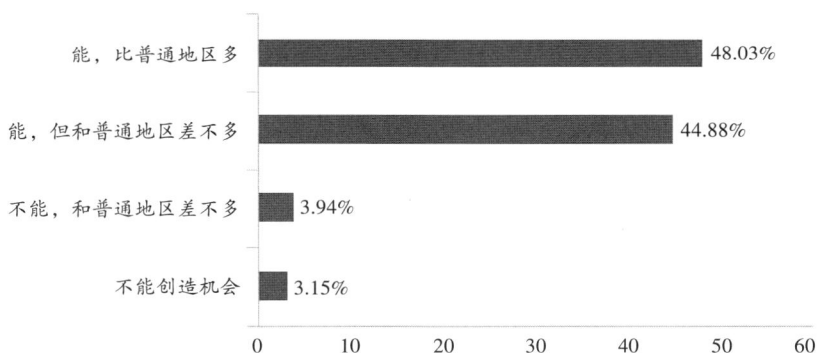

图8 海南自贸港建设是否可以为大学生提供更多的就业机会

2. 本土居民带来的作用

本次调查中，参与调查的海南大学生有61.42%来自海南本地，相对来说海南本土居民在海南各高校中还是占有很大比重的。当地政府指出，在建设海南自由贸易港这个重大工程中，不仅要向外吸引人才，还要让本土人才的作用得到发挥，因为本土居民是海南现在发展的主力军。海南自贸港要达到的目标是让整个岛都得到建设，发挥出自贸的作用，而海南的主要人口还是在农村，大部分面积也是农村，可以说农村发展的好坏决定着自贸港是否能成功。因此，海南当地出台了对乡村教师、医生等建设者的优惠政策，体现在住房、工资待遇等方面，使他们能够更好地参与到海南农村的建设上来。调查显示，买房优惠及租房补贴以及社会福利提高都能够吸引到海南大学生留在海南发展，基于海南自贸港建设的背景，可以看出这些政策能让更多的本土居民留在家乡建设和发展（图9）。

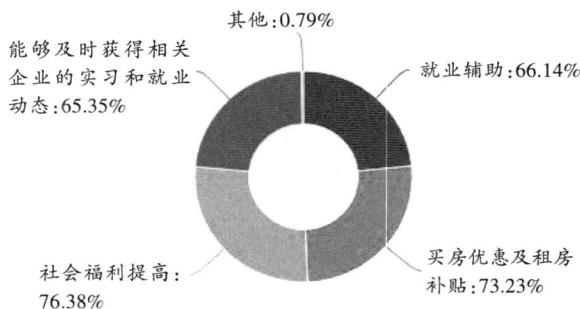

图9　如何吸引大学生毕业后留在海南就业（多选）

三、对此次调查的思考与建议

（一）思考

通过此次的社会调查统计与数据分析可知，海南自贸港旨在建设成为中国特色社会主义自由贸易港，从海南的实际情况看，要把创新建设放在首要突出位置上，要勇于创新发展建设与解放思想。同时注重本地发展及本土居民带来的作用，海南的主要人口还是在农村，大部分面积也是农村，所以说农村发展的好坏决定着自贸港是否能成功。建设中国特色自由贸易港也与人才问题密切相关，没有相应的人才供给与科学使用，就没有海南自贸港建设的进步与成功。海南自贸港建设本身也是人才培养、使用、引进与提升的过程，客观、适合、积极和科学的人才政策与人才战略，对于海南自贸港建设是不可或缺的。对人才问题的认识客观、适合、科学与否，直接关系到人才战略的制定和实施，直接关系到海南自贸港建设的成败。

（二）建议

1. 人才引进建议

（1）坚持党管人才。一方面抓引进人才，一方面抓本地人才作用的发挥。突出政治站位，充分发挥党的思想政治优势、组织优势和密切联系群众优势，健全党管人才领导体制和工作机制，为推动人才发展提供坚强的政治和组织保证。

（2）服务发展大局。注重人才引领，围绕全面深化改革开放需求，统筹全省人才资源，科学谋划发展思路和政策措施，推动人才优先发展。

（3）突出市场导向。强化市场主体地位，充分发挥市场在人才资源配置中的决定性作用。

（4）创新体制机制。全面深化改革，加快转变政府人才管理职能。扩大人才开放，主动参与国际人才竞争，聚四方之才推动海南自由贸易港建设。

2. 自贸港建设建议

（1）尽量避免房地产化，注意旅游产业的不文明现象。

（2）灵活运用海南地理位置的优势，发展特色农产品。

（3）落实改革政策，引进高科技人才，培养创新型人才，致力打造高新、高水平的海南自由贸易港，而不是低水平、基础的自由贸易港。

（4）增强当地居民的素质教育，包括校园教育和社会教育。提高海南的素质水平，可促进旅游业的发展，也为建设海南自由贸易港提供高素质人才。

3. 创新发展建议

（1）推动建设与最高水平开放相适应的立法与司法体系，强化创新意识。制定并努力完善关于海南自由贸易港建设的相关法律法规，能够更好地助力建设海南自由贸易港，也避免了非法人员利用法律的空子非法获利。

（2）勇于寻找、发现问题，借鉴国际其他自由贸易港的经验。

（3）建设具有中国特色的自由贸易港，以服务国家为重大战略目标。

自由贸易港建设背景下海南会计行业的
现状与展望

马　骁　吕依静　仁青拉珍　符莹莹

引　言

在 2020 年 6 月 3 日，海南自由贸易港 11 个重点园区同时挂牌，这 11 个重点园区作为推动海南自由贸易港建设的"示范区""样板间"，承载实施海南自由贸易港"早期安排"政策的重要任务，将充分利用制度创新优势，率先实施相关政策和进行压力测试，推动海南自由贸易港建设加快发展、创新发展。习近平总书记说："当今世界，开放融通的潮流滚滚向前，人类社会发展的历史告诉我们，开放带来进步，封闭必然落后。"在过去的 40 多年里，中国经济社会在对外开放的条件下进行发展，未来，中国经济的高质量发展必定也要在更加开放的环境下进行，而自由贸易港是一种大幅减少环节、降低成本、提高效率、高效配置资源的经济形式，建设自由贸易港可以提升产业竞争力、扩大国际贸易、吸引外资及促进经济增长，且对于海南的会计行业来说，自由贸易港的建设会给此行业带来更好的发展机遇。

海南进行自由贸易港建设，引进外资，吸引跨国企业入岛投资，这对即将参加工作的财务管理专业的学生来说是一个很好的机遇。所以我们团队以"自由贸易港建设背景下海南会计行业的现状与展望"为题做了相关调研。

一、调查设计

（一）调查形式

组内成员分工合作，分为线下和线上调查。

作者马骁、吕依静、仁青拉珍、符莹莹，均为德行智华会计学院 2019 级财务管理本科 1 班学生；指导教师栾忠恒，时任海口经济学院马克思主义学院教师。

（二）调查方法

1. 线下调查

海南本地同学前往省政府查阅关于海南自由贸易港建设的重大决策部署、政策法规以及重点工作进展，调查海南本地会计行业的现状，对数据进行筛选并分析。通过调查分析，总结出海南自由贸易港可以吸引哪些合格跨国公司依法参与投资或设立企业。

2. 线上调查

除海南本地的其他同学进行线上调查，调查学习国际会计所需的专业知识和聘用要求，以此对比国内会计与国际会计的不同之处。

针对国际与国内会计的不同之处以及跨国公司对会计人员聘用的特殊要求，总结海南本地会计从业人员需要学习的关于国际会计的新的专业知识。

（三）调查时间

本次调查时间为2020年8月1日至2020年8月22日。

（四）数据整合与分析

综合上述调查结果，分析基于海南自由贸易港建设的背景，预期对海南会计行业从业人员可进行国际会计方面的培训，提高会计从业人员的专业素养，为跨国企业提供国际会计服务，创建新的就业道路。

二、调查结果与分析

（一）海南自由贸易港政策法规的调查与分析

1. 海南自由贸易港的定义

海南自由贸易港是按照中央部署，在海南全岛设立的中国特色自由贸易港，是党中央着眼于国际国内发展大局，深入研究、统筹考虑、科学谋划做出的重大决策。要发挥海南岛全岛试点的整体优势，紧紧围绕建设全面深化改革开放试验区、国家生态文明试验区、国际旅游消费中心和国家重大战略服务保障区，实行更加积极主动的开放战略，加快构建开放型经济新体制，推动形成全面开放新格局，把海南打造成为我国面向太平洋和印度洋的重要对外开放门户。

2. 相关条例

马尔科夫说："任何一个进步的体系，也都是开放的，不然就会丧失其发展的可能性，因而也就会丧失其进步性的特点。"海南自由贸易港对标国际先进规则，持续深化改革探索，以高水平开放推动高质量发展，加快建立开放型、生态型、服务型产业体系。自贸试验区土地、海域开发利用须遵守国家法律法规，贯彻生态文明和绿色发展要求，符合海南省"多规合一"总体规划，并符合节约集约用地用海的有关要求。涉及无居民海岛的，须符合《中华人民共和国海岛保护法》有关规定。

海南自贸港以发展旅游业、现代服务业、高新技术产业为主导，科学安排海南岛产业布局。按发展需要增设海关特殊监管区域，在海关特殊监管区域开展以投资贸易自由化便利化为主要内容的制度创新，主要开展国际投资贸易、保税物流、保税维修等业务。在三亚选址增设海关监管隔离区域，开展全球动植物种质资源引进和中转等业务。

3. 分析与研究

2020年6月3日，海南自由贸易港在11个重点园区同时挂牌。这11个重点园区拥有良好的地理位置，且产业定位不同，享受国家的优惠政策，关键是自己发展的同时，还会吸引跨国企业的投资与进驻。

如以数字经济为主导，发展以智能物联、数字贸易、金融科技和国际离岸创新为核心的海口复兴城互联网信息产业园，它会吸引以智能物联产业、数字贸易产业、金融科技产业和国际离岸创新创业产业为主营业务的跨国公司进驻与投资。而以航天科技为主导的文昌国际航天城，它重点发展航天发射以及配套服务、航天高端产品的研发制造、航天大数据的开发应用、国际航天交流合作以及"航天＋"这些方向所涉及的教育、金融、会展、旅游、生命科学等一系列产业。好的机遇加上优惠的政策，必定会吸引卫星研制、火箭研发、航天地面设备研制、空间科学与探测、卫星应用、电子信息、高端装备、新材料、新能源、航天国际合作交流与交易、航天金融服务、航天教育培训、航天文创及其他、航天大数据等高端产业跨国公司的入驻与投资。

（二）海南本地会计现状的调查与分析

1. 本地会计现状

在这个机遇与挑战并存的时代，每天都会有企业陨落，同时也会有许多的企业崛起，但是不论企业的规模大小，都需要有财会人员来保证企业正常的运营，可以说在一定程度上，财会人员是一个企业的核心人员，是机构运转的核心角色。

然而目前的海南，会计行业逐渐出现了两极分化的趋势。一方面，国家取消了会计从业资格证，会计就业的门槛降低，许多的本科、大专、中职、夜大院校都开设了会计专业，会计就业人员大量增加，加之现在科技快速发展，许多公司都采用人工智能进行一些简单记账，对会计人员的需求减少，所以目前海南的普通会计人员市场趋于饱和；另一方面，高级会计人员严重缺失，据调查可得，2019年海南省取得高级会计师资格的只有82人，海南本地财会市场高级会计师存在巨大的缺口。

2. 现状分析与研究

经过对海南本地会计现状的调查，我们可以分析出，海南会计目前的情况就像一个金字塔，基层的会计人员数量大，顶端的高级会计人员数量稀缺。对于海南本地的会计人员来说，普通会计人员人数大量增加，会计人员市场趋于饱和，导致普通会计人员薪酬水平出现低迷。在职的会计从业人员除了要面临大量的刚刚大学毕业的普通会计人才的挑战，还要面临会计行业人工智能技术的广泛应用所带来的冲击。可谓是前有狼后有虎。所以要想不被淘汰，会计人员就得做出改变，提升自己的专业素养。现在海南建设自由贸易港对于会计人员来说是一个机遇。自由贸易港的建设必定会吸引跨国企业的进驻与投资，而跨国企业的进驻就必须要有懂得国际会计知识的专业人才的辅助，现在海南本地会计行业高级会计人员较少，国际会计高级人才更是稀缺。所以，这对处于同一水平线上的会计人才来说，是一个向前发展，挑战成为稀缺人才，获得高薪的机会。

（三）国际会计与国内会计

1. 国际会计的定义

国际会计是在任何国家都适用的西文企业会计的一个最新发展，它的最终目标是建立一套适用于全世界范围的会计原则和方法，实现各国会计的标准化。国际会计师是具备管理、经济、法律和会计学等方面的知识和能力，能在涉外企、事业单位及行政管理部门从事会计实务、财务管理等工作的应用型、复合型人才。国际会计主要可归纳为业务性国际会计、比较国际会计和标准化国际会计3个方面，它冲破了国界在国与国之间开展工作，所以想要成为一个优秀的国际会计，最基本的就是要了解所有国家的会计实务、国与国之间在实务上的不同以及在不同国家联属组织的会计实务，具备国际会计、审计、计算机和工商管理方面的基本知识，掌握会计方法以及会计技巧，具有解决和分析会计问题的能力。

2. 国内会计的业务

相较于国际会计，国内会计需要掌握会计的基本概念和科目设置，要会填制收付凭证、根据记账凭证登记日记账、与银行对账、快速点钞和识别假币、掌握开具各种票据等实用出纳操作技术，还要掌握当前最实用的财务软件操作基础知识，结合企业实例完成全部账务处理。所以除了要掌握基本的会计知识、具备会计职业素养以外，会计人员还要熟练使用计算机。

3. 国际会计与国内会计的不同

国际会计与国内会计同属于会计这一领域，这就决定了这两者之间有着许多的共同点，但与此同时，它们也有着诸多不同点。

在制定会计标准的机构和准则的制定程序上，国际会计准则委员会制定国际会计财务报告准则，然后再通过自由市场的影响力和国家强制力执行，而中国则由政府部门制定会计标准并且通过法律强制执行。

在财务报表的具体形式上，国内会计要求财务报表中各项目需要按照规定的顺序列出，而国际会计只需要符合会计原则和其他各项要求，并不强调各项目报出的顺序。

国际会计与国内会计还存在时间性差异。中国会计的标准存在推迟确认收入和提前确认费用，例如公允价值超过账面成本时中国资产不能重估，但是国际会计准则认为可以确认为重估收益。有的项目是永久性差异，国际会计标准将其计入当期损益，而中国却不能确认收益，如子公司。

在企业合并及合并报表核算上，我国购买法与国际购买法不一样。国际购买法是以公允价值为计量基础的，而我国是以历史成本为计量基础的，国际会计准则下的购买法并表时的抵消与我国就有很大的差异，商誉的确认和摊销差异也很大，所以只要有并购行为发生，一般都会产生差异，并且这个差异可能很大。

在所得税这一块，国际会计与国内会计也有很大的差异。国际会计准则所得税适用的是资产负债表的债务法，与我国适用的3种方法都有显著的差异。按照国际会计准则，对以前年度确认的递延税项资产在本年度重新评估后被认为在今后不可能转回的项目予以冲销，但是这些项目在中国会计准则及制度下一直未予确认。

（四）对海南会计行业的展望

通过以上在海南自贸港建设的背景下对海南本地会计行业现状的调查与分

析，我们可以得知，在海南建设自贸港的过程中，自贸港挂牌的 11 个重点园区，它们优越的地理位置和国家给予的优惠政策会吸引一部分跨国公司的进驻与投资，一个公司的运营，最重要的便是人才，而在海南开设分公司的跨国公司一般不会把他们母公司的人才大量带入海南，所以为了保证公司能够正常运营，进驻的跨国公司必定要在海南本地招揽人才，而财会人员作为企业运营的核心成员会是进驻的跨国公司必需的人才。与国内的公司不同，跨国公司是从事国际化生产和经营活动的垄断企业，所以它们采用的大多是国际会计准则，这就需要具备国际会计知识的人才。但是通过对海南本地会计现状的调查可知，海南本地普通会计人员市场趋于饱和，高级人才稀缺，具备国际会计知识的财会人员更是极度缺乏，所以对于海南本地的会计人员来说，这是一个提高自己的专业素养，向前发展，挑战成为稀缺人才，获得高薪的机会。不论是在校学生还是已经毕业的社会在职人员，均可尝试报考国际会计师，以求未来为跨国公司提供国际会计服务，挑战更高的年薪。同时，在我国，拥有国际会计师资格证的人数不到 1 万，但是市场上对这类人的需求却有 35 万，所以即使最后拿到国际会计师资格证的人不愿意留在海南，他们依然会是抢手的人才，只不过在海南的就业机会将会更大一些。

现在海南本地的国际会计师培训机构并不多，对于财会专业的我们来说，这其实是一个很好的商机。海南自由贸易港正在建设中，等到自由贸易港建成，海南岛会出现更多的跨国公司，这对普通的会计行业的人来说是一个机遇。趋于饱和的会计市场、低迷的薪资，这些都会驱使一些不满足于现状的人进一步深造，而在海南自由贸易港背景下吸引而来的跨国公司就是他们的机会。这些跨国公司会驱使他们由普通会计转型为国际会计，而大多数人想要报考国际会计师都会选择一些培训机构进行学习，我们可以在培训机构方面进行创业。

国际会计比较注重英语能力，国际会计师的教材也全都是以英文编撰，并且专业术语比较多、专业性很强，而海南本地多数会计英语水平稍显不足，所以我们也可以开设对会计师英语水平方面的培训，主要是针对国际会计的培训。

三、对此次调查的总结

通过此次社会调查的统计与数据分析可以得知：海南建设自由贸易港，获得了国家的大力支持，国家给予了海南自由贸易港非常多的优惠政策，并且海南自由贸易港挂牌的 11 个重点园区拥有得天独厚的地理位置，有不同的发展方向，前景可观。有利益就有合作，海南自由贸易港的建设会吸引一批前来谋求共同发展的跨国公司的投资与进驻。俗话说术业有专攻，跨国公司所想要聘用的是那些懂得国际会计专业知识的高级会计人才，而不是只懂得国内会计知识的普通会计人才。而通过调查，海南本地普通会计市场是趋于饱和的，所以跨国公司的进驻对于这些会计人员来说是一个机会。新的工作机会的到来会促使一些有抱负的会计人员进行转型，向前再进一步，成为懂得国际会计知识的高级会计人才，提高自己的专业素养，挑战高薪工作。且从长远出发，在国内，拥有国际会计师资格证的人口数量不多，但是国内对于国际会计师的需求却是逐年增加。所以对于海南本地的会计行业从业人员来说，不论是在海南本地还是出岛前往其他省份，转型为国际会计后不论走到哪里都会是炙手可热的人才。

国家现在也在大力支持大学生创新创业，而在自由贸易港建设背景下，未来海南会计行业由普通会计转型为国际会计需要一个桥梁，我们就可以做那个搭建桥梁的人。未来海南会计行业会有大量的人员想要报考国际会计，但是根据调查，海南本地的国际会计培训机构并不多，所以这可以作为我们的一个创业机会。

此次调查，我们受益匪浅，这是我们第一次完全独立地进行一次完整的实践。通过这次调查，提升了我们的个人能力，同时也加深了我们对本专业的认识与了解，拓宽了我们的就业道路，使我们的创业思路更加清晰，激发了我们更多的学习动力。

自贸港背景下基于区域优势的
海南特色小镇建设思考

王楚涵　牟柯豪　周翰坤　郝云蔚　刘　宁

引　言

随着我国城乡一体化发展和经济结构的调整，新型城镇化建设逐步上升为国家战略，特色小镇建设成为经济发展新常态下发展模式的有益探索。2016年，"美丽海南百千工程"写进海南省政府工作报告，特色小镇成为推动海南发展的重点方向之一。

海南是我国最大的经济特区，中央支持海南逐步探索、稳步推进中国特色自由贸易港建设，是推动海南发展的重大举措。在海南建设自由贸易港是推进高水平开放、建立开放型经济新体制的根本要求，是深化市场化改革、贯彻新发展理念、推动高质量发展、建设现代化经济体系的战略选择。

海南的建设发展底子薄、起步晚，发展不均衡、城乡差距大、涉农区域广，在自由贸易港这一战略背景下，抓住发展机遇，着力地域特色，打造海南特色小镇，是海南全面推动高质量发展应思考的问题。

一、调查设计

（一）调查时间

本次调查时间为2020年6月20日至2020年7月10日。

（二）调查地点

本次暑期社会实践，我们将海南特色小城镇建设研究列为重点调研课题，针对海口市、儋州市、琼海市的多个特色小镇，组织现场考察、走访座谈、调

作者王楚涵、牟柯豪、周翰坤、郝云蔚、刘宁，均为海口经济学院传媒学院2019级本科班学生；指导教师何海霞，为海口经济学院马克思主义学院教师。

查问卷等多种方式展开调研，提出海南特色小镇建设的意见和建议。

（三）调查方法

本次调查主要采用自编的网上问卷《海南特色小镇建设调查问卷》来进行，问卷设置了15个单选题、4个打分题、1个问答题。

（四）问卷回收

本次调查实际发放问卷65份，回收有效问卷52份，有效回收率80%。

二、调查背景

在本次社会调查中，调研小组从海南特色小镇建设现状及所面临的问题着手，分析产生这些问题的原因以及这些问题自身的矛盾。通过对文献材料的查阅和实地走访，寻找在城市化及"逆城市化"进程中打造特色小镇与风貌的方向。

（一）实践发展背景

海南是我国最大的经济特区，中央支持海南逐步探索、稳步推进中国特色自由贸易港建设，是推动海南发展的重大举措。

"特色小镇"是新时期小城镇建设和发展的创新探索与成功实践。近年来，海南依托自然资源和民族特色，着手打造具有区域特色的风情小镇，如澄迈的福山咖啡小镇、儋州的光村雪茄小镇、洋浦的白马井渔业小镇，这些特色小镇初具建设规模，具有鲜明的地域特色和产业特征，成为海南靓丽的名片。

（二）理论研究背景

2016年7月，国家发展改革委、住建部等多个部门发布相关文件，确定了"到2020年，争取培育1000个左右各具特色、富有活力的特色小镇"的目标。2016年10月，国家发展改革委发布的《关于加快美丽特色小（城）镇建设的指导意见》，明确了建设特色小（城）镇的战略方向。在《海南国际旅游岛建设发展规划纲要》中也提出：海南省将统筹城乡规划编制，提高城乡规划、推进城乡基本公共设施建设，大力依托生态资源开发特色小城镇。

随着国家城镇化战略的推进，城镇及乡村发展成为我国小城镇建设、研究的重要对象。目前，我国小城镇理论研究的方向主要集中在对小城镇建设发展的水平及状态评价、对小城镇建设的战略政策研究、基于产业经济的小城镇与区域经济发展的机制与发展模式研究、小城镇内部空间结构和外部间关系的研究等方面。这些研究成果也是我们本次调研活动的重要参考理论。

三、调查情况与分析

（一）海南特色小镇建设的现状

1. 海南区域特色的主要表现

一个地区的区域特点是该地区经济文化发展的重要基础和依托，深入挖掘区域优势，才能更好地实现特色发展。海南在国家宏观战略引导下举全力建设自由贸易港的同时，应该充分挖掘区域特色优势，建设海南新农村，振兴海南农村经济。概括而言，海南所具有的区域优势主要有：

（1）海南拥有特殊的海洋优势。海南是位于中国最南端的省份，全省陆地总面积 3.54 万平方千米，海域面积约 200 万平方千米；海岸线总长 1944 千米，有大小港湾 68 个；靠近国际海运主航道，地处热带，拥有沿海、沿边、岛屿等地缘优势。

（2）海南拥有良好的资源优势。海南富集海、岛、山、河，资源丰富多样、组合度好，在相对较小的范围内集中了滨海沙滩、热带雨林、珍稀动植物、火山与溶洞、地热温泉、宜人气候、洁净空气、民族风情等丰富的自然资源和人文资源。

（3）海南拥有天然的生态优势。根据《2019 年海南省生态环境状况公报》，海南森林覆盖率达到 62.1%，空气质量总体优良、基本保持国家一级水平，河流、湖库以及近岸海域海水水质良好，生态优势是海南最靓丽的名片。

（4）海南拥有特殊的体制优势。海南是我国最大的经济特区，在国际旅游岛建设发展方面享有一系列先行先试的政策支持，特别是在建设自由贸易港的政策支持方面，国家更是给予了极大地支持。

（5）海南拥有突出的产业优势。热带特色农业优势凸显，依托海南优势资源的新型产业初具规模，海洋经济发展前景广阔，以旅游业为龙头的现代服务业已经成为海南经济的重要支柱产业。

2. 海南特色小镇建设的现状

特色小镇"非镇非区"，不是行政区划单元上的一个镇，也不是产业园区的一个区，而是按照创新、协调、绿色、开放、共享发展理念，聚焦当地信息经济、生态、健康、旅游、时尚等新兴产业，融合产业、文化、旅游、社区功能的创新创业发展区划。近年来，海南特色小镇建设已经初见规模，初显特色。

（1）区域特色突出。海南依托自身所具有的区域、资源、生态等优势条件，在国家政策的支持下兴建了一批具有鲜明特色的地方小镇，吸引了各地旅居游客，在一定程度上促进了海南经济的发展。本调研小组走访了海口、儋州、琼海等市县的个别地方，发现如洋浦的白马井渔业小镇、海口的石山地质资源小镇、海口的演丰互联网产业小镇、澄迈的福山咖啡小镇、琼海的博鳌会展产业小镇（图1至图5），在区域特色上较为突出。

图2　石山镇——地质资源小镇

图1　白马井——渔业特色小镇

图3　演丰镇——互联网产业小镇

图4　福山镇——咖啡产业小镇

图5　博鳌镇——会展产业小镇

（2）发展状态良好。小镇基础设施不断完善，路网、电网、水网、光网、气网等设施已进入强化建设阶段，小镇通畅工程建设实现水泥化。

（3）人居环境得到积极改善。在以旅游为主的特色小镇打造中尤为明显，许多镇墟立面改造取得了较好的成效。

（4）产镇融合推动经济发展。在调研过程中，特色小镇的建设发展均依托一定的经济支撑，产业园、种植园、乡镇小企业居多，借助产业的支撑来增强小镇发展后劲，为小镇当地创造了大量就业岗位，也提升了地方经济动力。

（5）地方特色文化得到彰显。大多数的特色小镇都坚持先规划、后建设的原则，充分挖掘地方蕴含的文化内涵，努力体现地方特色，充分彰显了地方文化魅力。

（二）海南特色小镇建设存在的问题

海南特色小镇建设取得了一定成效，但也存在诸多的制约因素和不足之处。表现在建设持续动力不足、产业发展方向不明确、产业同质化严重、人才缺乏、可持续发展能力较低等方面。

1. 建设持续动力不足，注重"面子工程"

由于海南乡镇普遍存在人口规模小、区域带动力弱、经济实力不高、投资格局单一等问题，不管是镇墟基础设施建设，还是房屋的设计改造，基本是政府投资，企业和居民少有投入，投资渠道比较单一，缺乏持续建设动力，"造血"功能差，不利于小镇建设及持续发展。

2. 小镇特色不鲜明，后续发展乏力

海南小镇规模普遍过小，一些小镇建筑形式单调呆板，品位不高；很多小镇建筑设计互相模仿，千篇一律，缺乏特色；一些有历史文化价值的古村镇在经济发展中遭受开发性破坏；大部分的旅游小镇密集规划在沿海地带，小镇建设普遍照搬生态旅游、休闲旅游模式，未能完全将海南本土文化融入风情小镇的建设中，致使特色小镇的特色不"特"。

3. 产业结构层次低，企业融资困难

本次调研的12个小镇产业结构都较为单一，普遍存在工业基础薄弱、以农业为主体的传统农业格局，核心竞争力不强。特色小镇的企业以中小企业为主，普遍面临抵押贷款困难问题。一是因为部分中小企业本身的产权不明晰；二是因为小镇经济总量小，乡镇中小企业财产担保值小；三是商业银行约束了各市县支行信贷业务开展，提高了准贷门槛。

4. 人才严重缺乏，队伍建设滞后

从小镇机关单位到镇上各类企业，普遍存在人才严重缺乏状态：平均每个镇的大学生村官人数不到小镇总机关人员的10%，尤其在西线的小镇，大学生村官数量更少。小镇的各类企业人员普遍存在学历层次低、业务不熟等问题。

四、思考和建议

（一）海南特色小镇建设的思考

同样是自由贸易港的香港，从20世纪70年代起，为应对人口增长和产业转型的压力，着手规划并启动了新市镇发展计划。经过50多年的建设，发展了沙田等9个新市镇。香港也逐渐从以港岛和九龙传统市区为单一中心的集中式城市体系，为加速经济转型和优化经济布局腾出了宝贵的土地和空间资源。对于在同样战略发展背景下的特色小镇建设，海南可以吸收和借鉴一些成功的经验。

当前，海南自由贸易港建设正在积极推动，未来的海南将是世界上最大的自由贸易港。面对巨大的发展机遇，海南广袤的乡村多元资源也同样迎来了一次发展机遇，可基于地域、民族、生态、产业等资源优势，借力自由贸易港的发展战略，进一步推动海南乡村建设，打造海南特色小镇，实现农村经济的联动发展。

特色小镇不同于传统意义上的小城镇，超越了一般的行政单元划分，更多是具有一定特色资源和产业基础的相对独立的空间。特色小镇也不是传统意义的开发区、工业园区、服务业集聚区，更强调产业、城镇、人文、生态融合发展。特色小城镇建设的关键词之一就是"特色"。

其一，拥有较强的特色产业，是特色小城镇的重要特征。比如，依托养老、康养、旅游、茶叶、木雕等特色产业，招商引资打造具有"乡土产业"气息的特色小镇。

其二，从构架形态来看，特色小镇应该是以"精而美"为主要的特点。"特而小""小而美"是特色小镇建设发展的主要形态取向，因此，要避免追求"大而无当""千镇一面"的建设。

（二）海南特色小镇建设的建议

国家发展改革委、国土资源部（今自然资源部）、环境保护部（今生态环境部）、住房和城乡建设部发布了《关于规范推进特色小镇和特色小城镇建设的若干意见》。该文件表示，不能把特色小镇当成筐、什么都往里装，要让特色小镇各有特色。在自由贸易港建设背景下，基于对海南特色小镇建设发展的基本情况，本调研小组认为，打造具有区域特色的地方小镇，需要从科学的发展理念和客观的地域特点等方面来思考。

1. 坚持科学的建设理念

（1）坚持创新探索。各级主管部门应该创新工作思路、方法和机制，着力培育供给侧小镇经济，努力探索特色鲜明、产城融合、惠及群众的发展新路子，防止"穿新鞋走老路"，重复建设、复制生产。

（2）坚持因地制宜。从海南农村发展的实际出发，结合区域特色，遵循客观规律，实事求是、量力而行，体现区域差异性，提倡形态多样性，防止盲目发展、一哄而上。

（3）坚持产业建镇。特色小镇建设要立足要素禀赋和比较优势，挖掘最有基础、最具潜力、最能成长的特色产业，做精做强主导特色产业，打造具有核心竞争力和可持续发展特征的独特产业生态，防止"千镇一面"和房地产化。

（4）坚持以人为本。特色小镇的建设发展应以促进人的发展为基础，统筹生产、生活、生态空间布局，提升服务功能、环境质量、文化内涵和发展品质，打造宜居宜业环境，提高人民获得感和幸福感。

2. 依托鲜明的地域特点

（1）"一镇一品"，突出"特而强"。政府在引导小镇特色化建设中，坚持规划先行，科学制定特色小镇规划，明确发展边界，合理有效利用空间，实现精品发展。规划严把设计关，突出产业特色、文化特色、生态特色，把优势和品质凸显出来，着力打造"一镇一品"，做到"一镇一风情"。把设计和经济发展相结合，通过改造带来社会效益和经济效益。努力在营造特色小镇发展的软环境、最大限度降低发展成本、激发创新创业上下功夫。

（2）紧贴产业，力求"聚而合"。产业是小城镇的生命力。坚持产业建镇，就是要根据区域要素禀赋和比较优势，挖掘本地最有基础、最具潜力、最能成长的特色产业，打造出具有持续竞争力和可持续发展特征的独特产业生态，使每个特色小镇都有一个特色主导产业，实现以产促镇、以镇兴产、产镇融合。特色产业内涵丰富多样，制造业、种植业、旅游休闲、教育培训、健康养生、商贸物流等都可以作为特色产业来塑造。

（3）突出精致，展现"小而美"。特色小镇建设，"小"字为先。"特"字为本。推进特色小镇建设过程中，要立足区位条件、资源禀赋、产业积淀和地域特征，以特色产业为核心，兼顾特色文化、特色功能和特色建筑。找准特色、凸显特色、放大特色，防止内容重复、形态雷同、特色不鲜明和同质化竞争。借力地方区域优势和特点，在地理区划上依托自然小镇、展示古村落，开发特色资源，打造特色小镇。比如发展滨海观光小镇、休闲渔业小镇、疗养休闲小镇、民族风情小镇、红色文化小镇、休闲农业小镇。突出精美，实现"一镇一景致""镇镇有特色"。

（4）破旧除弊，做到"活而新"。深入实施"人才强镇"战略。实施农村实用人才培训工程，产业结构调整为主线，以产业转型升级带动人才队伍建设，抓住培养、吸引、用好人才3个环节，建立健全和完善人才服务体制机制、人才评价机制，创新人才激励机制。加快高技能人才的引进与培养，如互联网、软件程序设计方面，引导和支持小镇内的企业完善职工培训制度。

总之，特色小镇的建设，要突出特色，要抓住可持续发展的动能，要在推动经济文化发展的同时，保护好区域生态资源和文化资源。根植于本土的特色产业、精致而规模适度的建设形态、与自然和谐共生的生态景观、镌刻历史的城镇文化，这是构成特色小镇建设的重要内涵体系。地域特色、人文特点、经济产业多元融合发展，才能使特色小镇既能够传承历史，又能够面向未来。

红色记忆

"五四精神"在新时代大学生中的接受和弘扬状况调查

董淳淳　　曹梦雅　　王子云　　陈芊彤　　裴芙毓

引　言

优秀的思想精神是人生前进的助力。积极引导当代大学生关注党和国家的需求与期盼，令当代大学生意识到自己是国家之栋梁，增强自己的责任担当意识，为党和国家的发展壮大贡献出自己的力量，是重中之重。新时代的中国青年要以中华民族伟大复兴为己任，增强中国人的志气、骨气、底气，不负时代，不负韶华，不辜负党和人民的殷切期望！任何优秀的思想都不是单一的、片面的。学习一个优良的思想精神，更非一日之功。"五四精神"虽然被人们熟知，但其中真正的内涵我们是否真的了解？进一步学习"五四精神"是否真的很重要？"五四精神"的继承与弘扬到达了哪种程度？我们是否真的理解"五四精神"的发展背景和原因？

一、调查设计

（一）调查对象

当代大学生。

（二）调查方法

本次调查主要采用自编的网上调查问卷《"五四精神"在新时代大学生中的接受和弘扬状况的问卷调查》进行。该问卷共设计了14个单选题。

（三）调查时间

本次调查时间为2021年7月30日至2021年8月10日。

作者董淳淳、曹梦雅、王子云、陈芊彤、裴芙毓，均为海口经济学院南海美术学院2020级视觉传达设计3班学生；指导教师贾伟杰，为海口经济学院马克思主义学院教师。

（四）问卷回收

本次发放问卷50份，回收有效问卷26份，有效回收率52%。

（五）数据处理

由问卷网站根据回收数据自动生成。

二、调查结果与分析

（一）对于大学生对"五四精神"了解状况的调查与分析

"五四精神"是在1919年五四运动中产生的思想精神，是在俄国十月革命成功以后，马克思主义在中国广泛传播的基础上，结合中国当时社会矛盾所产生的。五四运动纠正了近代中国腐朽落后的、封建的、不科学的、盲目的思想，提出了科学的、进步的、结合马克思主义的、属于中国的科学进步精神。

通过调查可以得知，五四运动是深入人心的（图1），其中所有调查对象都对五四运动有所了解，80%的调查对象有比较深入的了解。

从图2可知，五四运动这场具有重要意义的爱国主义运动爆发的原因，接受调查的每一位大学生都是了解的，但各自理解程度不同。有72%的大学生对这场运动的爆发原因具有清晰的认识，但仍然有少数大学生对此认知模糊。

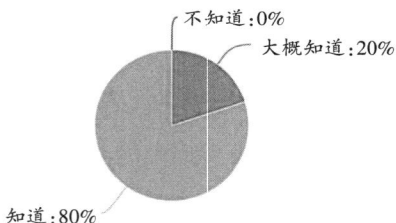

图1　是否知道五四运动　　　　图2　是否了解五四运动爆发的原因

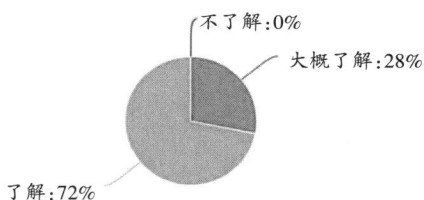

（二）对继承发扬"五四精神"认识的调查与分析

同学们对"五四精神"的继承与发扬是相当渴求的。如图3所示，接受调查的每一位青年都渴望去了解、去学习这份炽热的、不朽的精神。这更能反映出当代大学生积极向上、热爱国家的精神面貌。从中还能看出，我国继承弘扬"五四精神"的教育是成功的，是学生们树立正确三观的必经道路之一。无论时代如何变化，每一代青年人对于国家的爱从来都是发自内心、镌刻进灵魂深处的，对于"五四精神"更进一步的学习需求是与日俱增的。100%的学生认为继承和发扬"五四精神"是必需的。可见，大学生对真理和优秀精神的继承与接受是正面向上的。

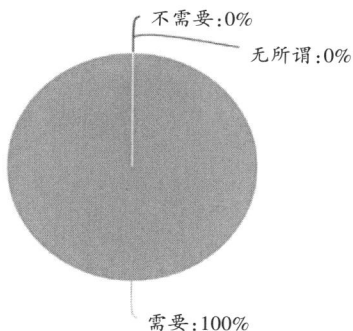

图3　当代青年是否需要继承和发扬"五四精神"

（三）关于"五四精神"对大学生的意义的调查与分析

通过图4统计数据的反馈，可知：

（1）48%的大学生具有将"五四精神"作为一种提醒自己时刻吃苦耐劳的意识，他们明白现在的一切都来之不易，"五四精神"是让自己在学习与工作中更加努力前进的动力。这些大学生会有较强的积极认真的态度，会主动承担个人和集体的责任与义务，能吃苦耐劳，面对问题可以积极去解决，面对困难不会退缩。

（2）有40%的大学生希望自己成为"四有"人才，将"四有"定为自己人生发展的要求与前进的目标。从个人发展角度来看，这部分学生具有通过学习"五四精神"提升自身的发展要求，已经有了明确的想法，思想上已经逐渐稳定和理性，有相对独立的思考方式和意识。若要更有效地成为一个"四有"人才，那就得更进一步地对"五四精神"进行深入学习。

（3）12%的学生将"五四精神"视为重要的精神去学习。这类大学生可能没有较为独立的思考方式和发展方向，对"五四精神"的核心理解是模糊的，没有接受很深刻的"五四精神"的教育，只是将"五四精神"当作一个优秀的精神。他们需要加强对优秀精神的接受宽度，形成一个较为独立的思想和人格，给未来人生树立一个更好的发展目标。

从以上3种情况来看，大家都将"五四精神"视为自己精神上的支持力量和奋发图强的精神支柱，推动着自己在现实生活中的发展。可以说，"五四精神"在学生群体中是正义的、积极的象征。

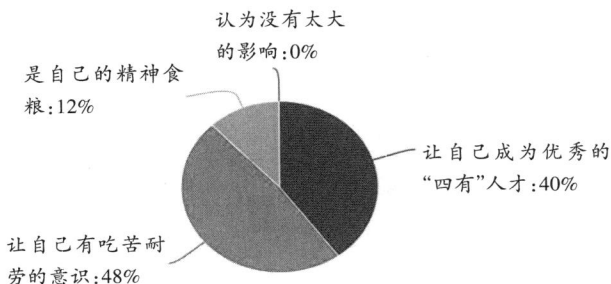

图4　"五四精神"对于大学生有着怎样的意义

（四）关于"五四精神"最能体现哪方面的社会责任感的调查与分析

关于"'五四精神'最能体现哪方面的社会责任感"这一问题，64%的人认为是国家（民族）责任感，另外，选择遵守社会公德、具备集体认同感与归属感、对生存环境的爱护和对国际社会的关注3个方面的人数比分别为16%、12%、8%（图5）。

由此可以看出，大多数学生都能深刻领会到"五四精神"中的爱国主义精神，认识清晰准确，但也有一部分学生对于"五四精神"的认识还不够深入全面，停留在浅层次。

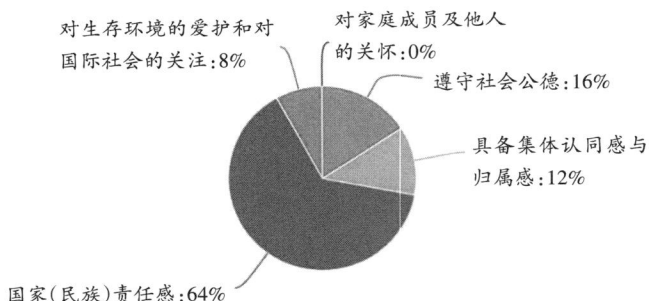

图5　"五四精神"最能体现哪方面的社会责任感

（五）有关五四青年节的活动的调查与分析

（1）调查数据显示，有60%的学生从未参加过五四青年节的活动（图6）。

（2）对参加过五四青年节活动的学生而言，90%的人认为参加这样的活动是很有意义的，希望从活动中学习到更多（图7）。

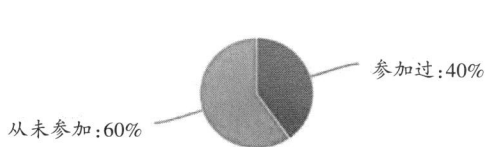

图6 是否参加过五四青年节的活动

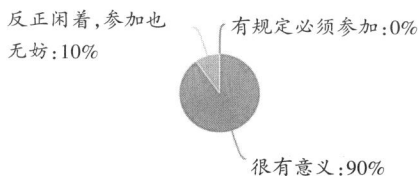

图7 参加五四青年节活动是否有意义

（六）有关当代青年更需要什么样的精神品质的调查与分析

一个时代的青年更加需要一些符合当代青年发展和学习的精神品质，社会矛盾的不同，同样会影响当下年轻人成长中的矛盾。比如，我们的父辈与出生于千禧年代的我们在成长过程中的矛盾是不同的，父辈当时兄弟姐妹多，他们需要承担的是更多的家庭责任。调查结果显示，当下的我们生活条件优渥，学习和娱乐的资源都非常丰富，接受的外界信息也很杂乱，从而缺少了一些独立思考的能力，做事冲动不思考，更容易被身边的信息影响；许多东西唾手可得，做事情缺少了一些坚毅。这些问题大多数青年有意识到，并有改变的想法。32%的大学生想让自己拥有对事物理性的态度；28%的大学生会承担集体责任，拥有较好的集体意识；20%的大学生希望通过学习获得坚毅的品质和独立思考的人格；另外，有20%的大学生对真理认知和个人进步的不懈努力尤为关注（图8）。

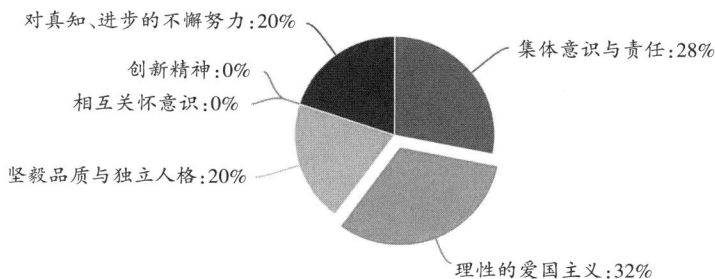

图8 当代青年更需要什么样的精神品质

（七）关于当代青年责任感增强和减弱主要表现的在哪方面的调查与分析

通过数据可知（图9、图10），超过一半的受访者认为当代青年社会责任感有所增强，其中主要表现在青年对共产党的信仰坚定，将祖国未来与自己的未来联系在一起，积极参与政治生活；能正确处理个人利益与社会利益的关系，始终将诚信铭记于心；有很深的社会责任感，自觉履行公民义务，严格遵守社会公德等方面。无论是道德层面还是对法律的敬畏，当代青年都紧紧跟随着社会的发展和党指引的总方向。

也有24%的受访者认为当代青年社会责任感减弱，表现为信仰迷茫、利己主义至上、诚信减弱情况出现等（图11）。这也恰恰说明，在同样接受教育的背景下，有些人会自主学习一些进步的、优秀的品质；但有些人更需要得到外界的引导。因此，在注重学业成绩的同时更应该加强树立学生三观的教育问题，注重对学生品质与性格的培养，引导学生加强对优良品质的学习，拥有良好的价值观、人生观、社会观，提高个人品质与涵养。

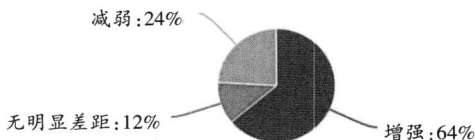

图9　当代青年社会责任感是否增强

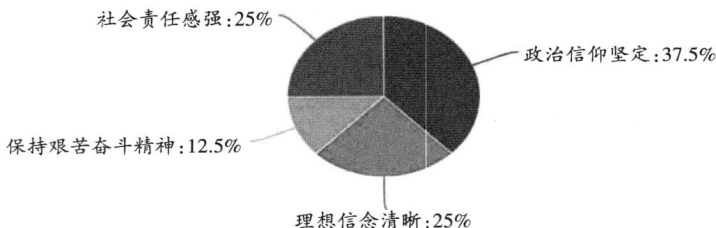

图10　当代青年社会责任感增强的表现

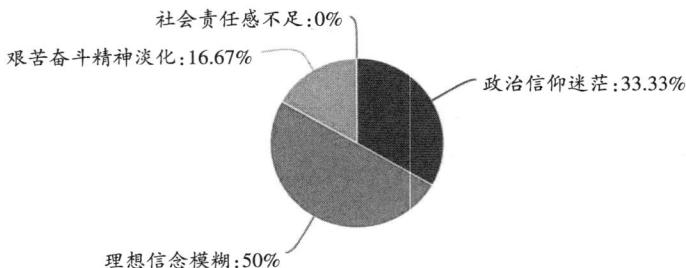

图11　当代青年社会责任感弱化的表现

三、建议

（一）树立青年责任感

"五四精神"的爱国思想深入人心，它是在国家动荡、岌岌可危之时孕育出来的优秀的思想精神，它必然是爱国的，但它不是片面的。"五四精神"中包含着社会责任，包含着科学信仰，也包含着进步精神。"五四精神"是革命先驱思考后的哲学果实，前人栽树后人乘凉，革命先驱将一颗精神的种子栽下，经过百年的传承与成长，才能让当下的年轻人在这棵枝繁叶茂的大树下安心学习与成长。在继承的过程中，应该认真谨慎地对待，不能只晓得片面的东西，不能只注重形式上的样子，要深入地去钻研，去思考，去真正地成为一个拥有"五四精神"的当代青年人，并且在宣传和学习"五四精神"的时候需要更加深刻、全面。更应该牢固树立青年责任感，让新时代的年轻人意识到自己需要以脚踏实地、砥砺奋斗、不待扬鞭自奋蹄的姿态，努力成为可堪大用、能担重任的未来国家建设者。

（二）加强宣传引导

国家、社会、学校等方面需要提高五四青年节活动的举办效果，提升其影响力，让每一位学生参与进去，如可通过书本阅读去学习和了解"五四精神"的全面内涵；观看纪录形式的影视作品，知晓革命先烈是如何在一个危机四伏的社会中依旧坚持不懈地去实践、去解决我们的社会问题的，是在怎样艰苦的环境下还坚持着自己心中的那份信仰的；开展相关主题班会，明确"五四精神"的核心内容；等等。

新时代抗战剧对00后大学生爱国主义教育影响之调查

——以热播抗日剧为例

张婉婷　冯芳怡　冯川南　何文静　杨乔莲　潘　颖　吴文涛

引　言

抗日题材影视作品有着特殊的主流文化政治内涵。优秀的抗日影视剧至今无不让人热泪盈眶、热血沸腾，如《红色》《亮剑》。随着我国现代化进程的推进，人们不再只满足于吃饱穿暖，对于高品质的生活也有所追求，尤其是在精神娱乐层面。在市场化时代，一些创作者为了吸引大众眼球毫无顾忌地消费历史、娱乐历史，以《抗日奇侠》《箭在弦上》等为代表的有着夸张雷人情节的"抗日神剧"陆续出现。这样的抗日影视作品搬上荧屏后，会有利于对青少年一代历史教育和爱国主义的宣传吗？抗战剧的感染力不仅来自故事、人物和场景，更来自抗战历史传递出来的中国人民的正义追求与顽强信念。艺术品格和精神价值的双重实现，是抗战剧吸引人、感染人的重要保障。21世纪以来的一些抗战剧，在不断进行艺术创新、个性化探索的同时，受市场的影响也越来越大，出现了急功近利的浮躁之气，娱乐化创作倾向凸显。因此，为了了解"抗日神剧"对大学生历史教育和爱国主义宣传有何影响，本文使用网上问卷调查方法，对问卷调查的数据进行分析，从中提炼观点。

一、调查设计

（一）调查对象

通过微信随机挑选100个大学生进行网上问卷调查。

作者张婉婷、冯芳怡、冯川南、何文静、杨乔莲、潘颖、吴文涛，均为海口经济学院德行智华会计学院2020级会计学1班学生；指导教师马金雪，为海口经济学院马克思主义学院教师。

（二）调查方法

本次调查主要采用网上问卷《新时代抗战剧对00后大学生爱国主义教育影响之调查——以热播抗日剧为例》进行，此问卷共设计了单选题14个、多选题2个。

（三）调查时间

本次调查时间为2021年7月4日至2021年8月15日。

（四）问卷回收

本次调查发放问卷100份，回收有效问卷100份，有效回收率100%。

（五）数据处理

由问卷网根据回收的数据自动生成统计表。

二、调查结果与分析

（一）对抗日剧的调查与分析

1. 关于"抗日神剧"对大学生影响的调查与分析

近年来，各种层出不穷的"抗日神剧"出现在大众的视野里。"抗日神剧"是以中国人民抗日战争为题材，存在着影片质量极低、剧情不合理等诸多问题的影视作品。有些"抗日神剧"对历史进行了扭曲、肆意夸大，涉世不深的高校大学生在观看此类电视剧后，对其树立正确的人生观、世界观以及价值观有害无益。面对"抗日神剧"，不同观众表现出了不同的态度，一部分观众指责"抗日神剧"对历史的遮蔽和对苦难的忽视，与之相对的是"抗日神剧"收视率的居高不下，许多观众在抗日剧中寻求复仇的快感，寻求民族情感的精神宣泄。抗日题材剧不应该是给人们树立正确的价值观的吗？他们是怎样了解到抗日剧的呢？调查结果显示，观看抗日剧的受访者的男女比例相差较大，男生占25%，女生占75%（图1）。大学生通过学习历史课了解抗日剧的比例较高，占比45%；

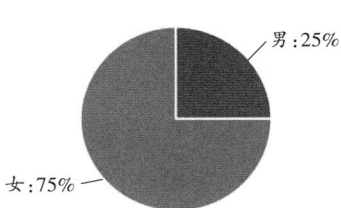

图1　抗日剧男女观看比例　　　　图2　了解抗日剧的途径

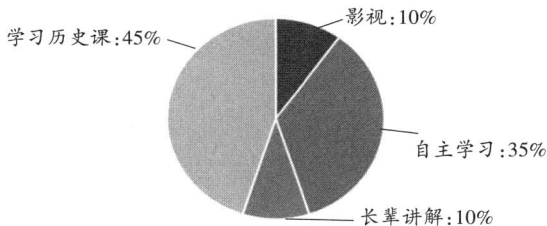

通过自主学习了解的占比35%；通过长辈讲解和影视作品了解的比例持平，都是占比10%（图2）。

2. 关于热播抗日剧

抗日剧是以抗日战争或相关事件为题材的电视剧作品。中国在过去20年里拍了许多经典的抗日剧，例如《亮剑》《雪豹》《永不磨灭的番号》。这些经典的抗日剧至今能让观众念念不忘，是因为它们没有扭曲历史，没有夸张荒诞的剧情；它们正视历史，尊重历史，展现了革命的艰苦历程，彰显了抗日战士抛头颅洒热血的大无畏精神。然而近几年，能让观众印象深刻的抗日剧却少之又少，大多数口碑高的抗日剧因为没有好的播放平台最终成了沧海遗珠，没能被更多观众熟知。要成为热播剧，首先需要打开这部剧的知名度，其次是编剧要编写出严谨细致的剧情，最后演员要发挥出精湛的演技。一部成功的热播抗日剧，这些都是缺一不可的。2015年热播的《伪装者》就是一个典型的成功例子。好的抗日剧会带给观众丰富的精神财富，会让观众对先辈的敬意油然而生，会让爱国情怀久久激荡。

（二）"抗日神剧"对大学生爱国主义教育的影响

1. 关于爱国主义

爱国主义是兴国之魂、强国之魄，是引领中华民族的壮丽旗帜。而"抗日神剧"带给我们的是价值观偏差。现代影视娱乐化现象日趋严峻，因而造成一些抗日题材的影视剧，为迎合主要观看群体、吸引他们的眼球，增添了许多其他不相关的元素，感情色彩最为突出。在荒诞的剧情安排中，几乎无一例外都有不必要的感情戏。在部分抗日影视剧中甚至会出现荒诞的个人英雄主义，好像一遇到问题，我军总是很容易解决，甚至把敌军当成傻子。淞沪会战最后的川军老兵张文治曾回忆："与鬼子对战，一旦有丝毫的疏忽，都是致命的，鬼子的战斗力实在比国军强太多。"爱国主义教育能让一个国家和民族对自身命运有科学前瞻，承担爱国主义教育重担的影视作品中的歪曲、恶俗等情况是对爱国主义教育的践踏。这些不正确的价值观与抗日题材影视作品应承担的爱国主义教育使命是不符的。抗日战争的年代离当代大学生很远，他们的父辈都未曾经历过那段历史，所以在对他们进行爱国主义教育的时候，有时需要以抗日题材的影视作品作为支撑。粗制滥造的"抗日神剧"会导致当代大学生养成不正确的价值观，长期接受这样的影视作品，将不利于对他们进行爱国主义的教育，也达不到爱国主义教育应有的目的。中国历史教育不但重视历史知识的传授，而且在人文素养的培育和人文精神的传承中发挥了巨大的作用。历史教育是高校思想政治教育的重要组成部分，承载着价值观教育功能。历史意识和历史思维的培养、历史眼光的树立对社会主义核心价值观的认知、认同和践行发挥着至关重要的作用。"抗日神剧"对大学生的爱国主义宣传和历史教育有没有影响？调查结果显示，42%的学生认为没有影响；28%的学生认为有影响；22%的学生认为有很小影响；8%的学生认为有很大的影响（图3）。

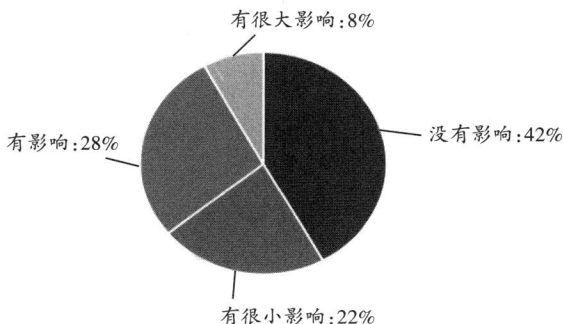

图3 "抗日神剧"对爱国主义宣传和历史教育是否有影响

2. "抗日神剧"的影响

（1）夸大、扭曲事实。部分"抗日神剧"在历史事实等方面的艺术处理过于夸张，容易造成不良影响。例如手撕鬼子、绣花针打败机枪、从裤裆里掏出手榴弹这一类的剧情，不但没有达到正面效果，而且把一个真实的、庄严的历史简单化、庸俗化。将抗日战士神化、日方士兵弱化，即便是为了致敬先人，也不免失之偏颇，不利于大学生正确认识历史，造成误解，反倒得不偿失。

（2）内容混乱、错误，影响大学生价值观。现代影视娱乐化现象日趋严峻，一些抗日题材的影视剧为迎合主要观看群体，画蛇添足地增添了许多不相关的元素。演员趋向年轻偶像化、男演员打扮时尚、女演员浓妆艳抹、增加大量爱情戏码……诸如此类的情节造成了剧情重点的混乱，对观看的大学生反而产生了误导。当代大学生正处于人生观、价值观及社会观塑造成形的最关键时期。在这一时期内，大学生通过网络等新媒体手段可以接触到形形色色的信息，大量信息会对大学生的三观造成潜移默化的影响，一些商业化的、仅为吸引眼球却扭曲了历史的"抗日神剧"，会传递不正确的价值观，对大学生价值观的塑造造成不良的影响。

三、对此次调查的思考与建议

（一）思考

通过本次社会调查的统计与数据分析可知：在市场经济利益的驱动下，"抗日神剧"变得屡见不鲜，不符合历史实情的"抗日神剧"对大学生的爱国主义教育产生了不良影响。经过调查后发现，有部分的大学生认为"抗日神剧"教育作用弱小且不利于全面深刻了解抗战；还有一半大学生觉得"抗日神剧"所宣传的精神和大学生所受的爱国主义教育不一致。可见，这种只是为了迎合大众多元化的审美趣味而歪曲历史的影片，对大学生来说是不能起到爱国主义教育作用的。能弘扬中华民族伟大的抗战精神，表达爱国情感，以爱国情感引起大学生的共鸣，这样的抗日题材影视作品才是真正应该出现在荧幕上的。要通过优秀的抗战剧对大学生进行爱国主义教育，其剧情应要客观、真实地反映出中华民族血与火的历史，切不可因为所谓"剧情需要"而亵渎历史。而对于"抗日神剧"的泛滥我们并非无能为力，需要我们做出一些措施，来阻止这一现象。

（二）建议

1. 文学创作者应提高专业素养

一部优秀的抗日影视作品离不开导演、编剧以及演员。导演和编剧应提高自身的文化素养，对抗日题材作品应保持实事求是的态度，以此创作出符合社会主流价值观的作品，来加强对大学生的历史教育和激起大学生的爱国之心；而不是为了追求经济利益和一味迎合观众去肆意曲解历史事实并凸现个人英雄主义。而对于演员们，在拿到抗日题材剧本时应以严谨庄重的态度认真阅读并理解，面对亵渎历史的剧本应以身作则地拒绝并抵制。若能解决这些问题，那么创作出深受大众喜爱的优秀抗日剧，让大学生了解抗日历史、感悟先烈们的爱国情感，以此增进大学生的历史认知和爱国情感，也就不难了。

2. 相关部门加强监管审查

抗日题材作品有着民族情感这层外衣，和其他类型题材作品相比，在一定程度上能降低审核失败的风险，这为"抗日神剧"的出现提供了机会，也就导致这种求量不求质的作品频繁出现在荧屏上。对于抗日题材作品的治理，要确立严格的监管机制，严格管控创作审核关。监管部门应该加强审查，严格审查抗日题材作品的品质，退回、下架毁三观的"抗日神剧"。要实现影视行业的严进严出，破除笼罩在现行体制上的不正之风，还银幕、荧屏一片"净土"。抗日题材作品对大学生的爱国主义教育有着重要的影响，所以应正面宣传抗战精神，激发起大学生的爱国情感。

3. 制定相关制度

相关部门可以制定相关的制度，例如可以实行奖惩制度，对于再三创作出亵渎历史的"抗日神剧"的创作者，应该给予处罚；而对于创作出大众喜闻乐见又不庸俗的优秀抗日剧的创作者，应该给予适当的奖励，以鼓励更多创作者往这方面继续摸索，将优秀的作品搬上荧屏。

海南红色文化的政策保护状况调查

吴基润　李书斌　张　捷　陈雨妃　何和壮

引　言

自建设自由贸易港以来，海南省红色文化事业在保护、传承、发展方面取得了巨大进展。以琼崖革命纵队为龙头的红色文化宣传、教育、学习工作，收到了良好的政治效益和社会效益。当然，如何使红色旅游成为海南省知名品牌，吸引更多海内外游客，更好推动社会经济发展，更好地服务中国特色社会主义的文化建设和核心价值观建设，成为摆在我们面前的一个重大课题。因此，我们调查小组在大思政课和校外第二课堂的大背景下，开展了此次关于海南红色文化的政策保护调查。

一、海南红色资源现状

红色资源承载着党的光荣历史，是不可复制、不可再生、不可替代的文化资源和精神财富，是进行优良传统教育的教科书。我们要不忘来时的路，走好前行的路，把红色资源利用好、把红色传统发扬好、把红色基因传承好，这对于学党史、悟思想、办实事、开新局具有深远的意义。

然而，在对海南全省的调查中发现，有的乡镇由于对红色资源缺乏保护意识，缺失管理措施，致使红色资源年久失修，甚至遭到人为破坏，面临灭失风险。例如，有些本应加以保护的遗迹、遗址被拆除或被改作他用，部分无名烈士陵园、墓地无人管理或遭到不同程度的毁坏。也有的地方从一个极端走向另一个极端，把红色资源与一般自然资源等同起来，进行大开发、大建设，表面

作者吴基润、李书斌、张捷、陈雨妃、何和壮，均为海口经济学院学聚星数字经济学院2020级人本1班学生；指导教师徐趁丽，为海口经济学院马克思主义学院教师。

看上去热闹繁华，实质上却让红色资源的教育意义湮没了。还有的地方滥用红色资源，打着红色资源的旗号，吸人眼球，以此赚取经济利益；有的地方甚至任意编造故事，修几个标志物、挂几幅照片，竟然也打上了红色资源的标签……对此切不可等闲视之。新形势下，我们要切实保护与开发好红色资源，并充分加以利用。

二、开发海南红色文化资源的必要性

红色文化资源的内容十分丰富，包括文艺作品、历史文献、纪念场馆、烈士公墓、革命遗址等。红色文化资源记载了中国共产党的奋斗历史，还反映出我国近代的巨大变化，海南红色文化资源比较丰富，在文化发展过程中融入了中国共产党以及中华民族的崇高的信念理念。作为我国革命精神培养以及爱国主义教育的重要文化载体，红色文化资源是一项重要的精神文明财富，对于弘扬我国民族传统文化、培养我国人民的理想信念、激发人们的爱国思想具有十分关键的影响。要加强对海南红色文化资源的重视，科学地理解文化资源，加强文化资源的保护与开发，充分发挥文化资源在促进当地民众教育和提高广大人民群众凝聚力中的作用。

红色文化是进行党性教育的重要材料，为红色教育和爱国主义精神培养提供了丰富的素材。在进行海南红色文化资源保护与开发的过程中，需要深入阐释文化资源的理论知识，并遵循客观发展的规律，结合人们的主观世界与客观世界，提高人们学习的主动性和积极性，提高对党的认可度。通过有效结合实践认知和理论知识，提高红色文化的保护力度和开发力度，并加强对红色文化的认同，增强人们的文化自信心，使得人们能够在未来的发展和教育中充分运用红色文化进行指导，促进红色文化的进一步发展，对我国社会主义精神文明建设具有十分积极的促进作用。

三、调查结果分析

在本次海南红色文化政策保护调查中，小组成员在海南省有红色景点的市县中抽样，对120名群众及若干名学生进行了调查研究，结果显示当前海南省在红色文化政策保护方面存在部分群众认知不足，并且出现海南省红色革命情怀理念比较落后的情况。

四、调查建议

（一）加强组织领导，完善协调机制

自2005年起，中央成立了"全国红色旅游工作协调小组"，成员单位有国家发展和改革委员会、中共中央宣传部、财政部、教育部、民政部、铁道部、建设部、交通部（今交通运输部）、文化部（今文化和旅游部）、民航总局、文物局、中央党史和文献研究室、中央党史研究室、国家旅游局（今文化和旅游部）。协调小组下设办公室（简称"红办"，场所设在国家旅游局）。海南省委、省政府发布《关于加快发展海南红色旅游的实施意见》（以下简称《意见》），提出要按照A级旅游景区标准重点打造八大红色旅游经典景区，高标准建成2—3个4A级以上红色旅游景区，将海南打造成为红色、绿色、蓝色、古色有机融合的观光型、研学型、培训型红色文化教育基地和红色旅游目的地，到2020年全省红色旅游年接待人数突破360万人次，年均增长15%。基于此，要充分发挥海南红色旅游资源优势：红色文化内涵有所提升，教育功能更加凸显，运行管理更加规范，服务水平持续提升，群众参与积极性和满意度显著提高。要按照"突出不忘初心，强化教育功能""坚持实事求是，结合省情开发""加强统筹规划，促进融合发展""坚守生态红线，保护生态环境"的基本原则，完善红色旅游发展的体制机制，强化红色旅游教育功能，大力建设红色旅游产品和线路，完善红色旅游基础配套设施建设，加强红色旅游资源保护和展示，积极发挥红色旅游脱贫攻坚作用，持续开展红色旅游宣传推广活动，强化红色旅游人才队伍建设。

（二）强化红色意识，讲好琼崖故事

根据《意见》，海南将建设一批红色文化内涵丰富的经典景区，重点打造红色娘子军国家纪念公园、五指山热带丛林军旅生活体验型红色旅游区、母瑞山热带丛林户外生存体验型红色旅游区、临高角等抢滩登陆海战体验型红色旅游区、海口爱国主义教育聚集区、琼中黎苗风情红色旅游聚集区、三沙国防教育型岛礁度假地、万宁六连岭革命根据地纪念园等重点红色旅游景区。同时打造一批红色旅游精品产品和线路，大力开发红色体验项目、红色旅游村庄、红色旅游小镇等红色旅游产品，整合周边自然生态、传统文化、特色乡村等旅游资源，促进红色旅游与传统观光旅游、生态旅游、民俗旅游、乡村旅游、休闲度假旅游等项目融合发展，形成以红色旅游为主题、形式多样的具有较强影响力

和吸引力的红色旅游线路产品。为加快海南红色旅游发展，"十四五"期间，海南还将重点实施38个红色旅游项目，通过项目建设，不断提升海南红色旅游品质，促进海南红色旅游发展。

基于此，一要积极抢救资源，保护利用兼顾。红色旅游和红色资源一表一里，相互依赖、相互映衬。海南作为红色资源大省，有必要也有条件提供专项资金，用于全省濒于损毁的红色资源的抢救保护，特别是用于那些既有重要革命历史意义又未列入文保单位和缺乏任何资金来源的革命遗址的抢救保护。各地有关部门要明确重要红色资源的保护主体，划清管理界限，建立责任追究机制，进一步推动红色旅游和红色资源保护互动发展，相得益彰。

二要深挖文物内核，结合地方特色，开发红色文创。红色文创不仅是物质性的商品，还是将地域特色、文化内涵、观赏性、实用性、艺术性融为一体的产物。它一方面可以传承并发扬文化精神，另一方面可以带来经济效益。深度解析红色文化内核，有效提取红色文化元素，使其具备美感和艺术气息，才能抓住消费者的眼球。因其承载着商品的属性，使用价值成为衡量产品品质和档次的重要指标。而其文化属性要求文创用形感人、用意共鸣，其承载的革命精神代表着崇高的人生观、价值观、大局观，要求文创能以"文化＋创意"的方法赋予红色文创新的价值，可以展现出设计感和历史感。因此，要开发合乎新时代价值体系又极具地方特色且富含创意的红色文创；采用新材料、新工艺制作产品，组建开发团队，借用新媒体，推出新的营销方式，结合文化旅游，打开文创的市场。

（三）做好区域规划，落实具体政策

进一步做好红色旅游区域规划，应立足4个方面：一是红色资源本身，二是政府管理结构，三是利益分配结构，四是市场发展潜力。要在资源、政府、利益和市场统筹规划的基础上，推动政府间的协商、各红色旅游主体间的协商，避免相互争夺、相互推诿、重复建设和过度竞争。此外，政府应考虑将红色旅游的经济内涵与扶贫、社会主义新农村建设和新型城镇化等结合起来，在财力和政策上加大投入。对于一些投资大、具有原创性和代表性的红色旅游项目，要在省级层面给予金融、土地等政策扶持。应加强红色旅游顶层设计，解决好海南省红色旅游市场品牌不多、品牌意识不强、地区发展不平衡的问题，逐步形成主要以母瑞山为龙头，定安、琼海紧随其后，白沙等地积极跟进的发展态势，形成全省共同发展的红色旅游格局。

革命纪念场馆是党和国家的红色基因库。党的十八大以来，习近平总书记多次实地缅怀革命先烈、参观纪念场馆，并强调："要讲好党的故事、革命的故事、根据地的故事、英雄和烈士的故事，加强革命传统教育、爱国主义教育、青少年思想道德教育，把红色基因传承好，确保红色江山永不变色。"要坚持保用同步、保用并举，将文旅融合开发，统筹协调，全面推进；坚持优势互补，实现互利共赢。由党建教育引领，深入打造爱国主义教育基地的建设，提升党性教育基地的服务水平，高度重视对青少年的教育，充分利用红色文物资源，激活红色资源。在尊重文化和旅游发展规律及客观差异的前提下，找准文化和旅游融合发展的切入口，因地制宜地推进文旅融合。通过对红色资源背后故事挖掘出来的内涵信息，赋值到展览、文创、党建教育和新媒体宣传中，融入红色旅游中，力图让红色旅游做到"有物可看、有事可说、有史可依、有理可循"，让红色文化资源强有力地支撑红色旅游的发展。

（四）探索红色评审，加强队伍建设

红色旅游的内涵价值几何，要有评估标准。应创造条件推动红色旅游景区参加全国旅游景区评级。在启动一些重大红色旅游项目前，旅游部门要同党史、文化部门协商，评估其历史文化内涵和潜在社会效益，做到有的放矢、心中有底。对于一些红色旅游的导游词和宣传解说桥段，要由党史和文化部门审查把关，经得起历史事实检验，将红色旅游的文化内涵与宣传核心价值观结合起来，不能戏说歪说。旅游部门可与党史、教育等部门共同探索编纂红色旅游地图、宣传册或指导丛书，在乡土教材中增加本省本地革命遗址的内容和分量。应大力加强红色旅游人才队伍建设，相关人员要进行必要的党史文化培训后才能上岗执业。

五、总结

红色文化是中国共产党在带领中国人民进行革命、建设和改革开放历程中，积淀和孕育的所有物质文化、理论成果、制度建设和精神财富的总和，包括革命文化遗产，革命纪念地、场馆，革命圣地遗址、遗迹，红色组织，红色人物，红色故事，红色精神等不同类别内容。红色文化百炼成钢，蕴含着丰富的革命精神和厚重的情感内涵，映照着社会主义主流价值的世界观、人生观，是新时代培养大众爱国情、民族情的核心要素，也是指导我们管理、建设国家的动力源泉。红色文化继承了以爱国主义为核心的民族精神和以改革创新为特征的时代精神。新的历史时期，红色文化传承与弘扬必须走创新之路，走融媒体与多媒体之路，从多层次、多领域、多渠道整合资源，凝聚红色文化保护传承合力，以更好地彰显红色文化历久弥新的时代价值。弘扬红色文化必须守正道、谋新局，推动红色文化自身创新发展。守正道就是要加强对红色文化的挖掘和整理，凝练出元气充沛、饱含深情的地域红色文化；谋新局就是明确受众群体，采取政府入股、银企融资、社会资本参与等多种方式，加大基础设施投入，丰富载体、创新形式，增强红色文化的向心力和传播力。

红色文化政策保护与红色文化密不可分，红色文化是红色文化政策保护的基础和前提，以红色文化政策保护带动和深度挖掘红色文化内涵与表现新形态，是保持红色旅游持久生命力、红色文化同时代进行精神对话的关键所在。

红色经典影视对大学生影响的调查

王　静　李崇尧　黄小豪　赖正澎　张浩日

引　言

本次我们组进行暑期社会实践调查的主题是"红色经典影视对大学生的影响"。在这个过程中，我们都受益颇深。我们先是通过资料查阅，了解红色经典影视，后续形成调查问卷，投放在社会，得到数据，才有了本次的调查报告。

通过本次调研，我们深知：生在中国，身为中国人，我们一直高举中国特色社会主义伟大旗帜，这不得不提到社会主义核心价值观，然而红色经典影视对大学生的直接影响，便是作用于建立大学生的社会主义核心价值观，铭记历史，牢记使命，不畏困难，砥砺前行。社会主义核心价值体系的内核是社会主义核心价值观，是我们国家、民族乃至个人要长期遵守并且发扬的基本原则。高校是社会的重要组成部分，是实行社会主义核心价值观教育、促进社会和谐发展的主要阵地之一。近些年来，随着红色经典影视的崛起，在各个高校中，已陆续展开以建设社会主义核心价值观为主要内容的高校文化建设。

为了更好地了解红色经典影视对当代大学生的影响，我们小组进行了本次调研活动。

一、调查设计

（一）调查对象

本次调查对象为微信上的大学生网友。

（二）调查设计

本次调查主要采用自编的网上调查问卷进行。

作者王静、李崇尧、黄小豪、赖正澎、张浩日，均为海口经济学院中广天择传媒学院2020级摄影1班学生；指导教师王宁初，为海口经济学院马克思主义学院教师。

（三）调查时间

本次调查时间为2020年7月3至2020年7月16日。

（四）问卷回收

回收有效问卷53份。

（五）数据处理

由问卷网根据回收数据自动生成。

二、调查结果与分析

（一）什么是红色经典影视

最近几年来，红色经典影视崛起，《跨过鸭绿江》《金刚川》《我和我的祖国》《建党伟业》等影视作品受到了各高校大学生的追捧和喜爱，它以一种特殊的文化传播方式出现于广大人民群众面前，成为大学生铭记历史、追忆历史的主要方式之一。这里面不仅仅有老一辈革命者不畏牺牲的浴血奋战历程，更有一个又一个让人热血沸腾的历史事件。大学生通过影视这种文化传播途径，了解历史、走进历史、追忆历史，更好地践行了社会主义核心价值观学习任务。

到底什么是红色经典影视？从概念上讲，在学术界目前为止还没有统一的说法。具体怎么解释红色经典影视呢？我们可以分开来讲：红色，可以理解为它是无产阶级的奉献精神和革命精神的主要体现。红色经典影视，是反映我们中国共产党领导的中华民族，在山河破碎、危机四起的条件下争得民族独立、人民解放，实现国家富强、人民富裕历程；反映在一代又一代党的领导人的带领下，中国特色社会主义得以发展和延续，取得了一个又一个辉煌成就史实的优秀影视作品。从广义上讲，凡是具有强烈爱国主义情怀的影视作品，统称为红色经典影片。从狭义上讲，红色经典影片反映了民主革命时期广大优秀中华儿女的优秀事迹。

（二）问卷调查结果统计

在调查问卷中，我们设计了18个问题，结果显示，本次调查对象的年龄大多数在19岁到30岁，正是风华正茂、大有作为的好时候。其中，73.58%的受访者为女生，由此可见，在这一话题上，女生较为感兴趣。数据显示，受访者中有18个人为团员，6个人为共产党员，其他均为群众，群众对于本次调查的参与热情较高。当问及对红色影视作品是否了解的时候，大多数人都回答有部分涉猎，只有少部分人回答并不清楚什么是红色经典影视。多数人表示，对于自己现居住地的红色遗址并不是很了解。同时，当我们问及家乡的红色遗址现在发展状况时，有一部分人表示，现今发展较好，知名度呈上升趋势，但也有一部分人表示，自己家乡的红色遗址并没有比其他景区发展更好。

在调查中，有一半的大学生表示一旦有红色经典影视播出会立即观看。这一部分大学生，本身对历史就有研究，同时他们的家庭成员中有党员，或者是祖辈有从军的经历，所以对于红色经典影视有着极大的兴趣。他们认为可以采用以下列举方式来增强红色吸引力：创新形式与体裁，大力开发文旅产品，借助科技力量打造沉浸式游览；因为红色文化越来越受年轻人的青睐，可以根据年轻人的特点，通过打造红色旅游业、增强红色文化学习氛围、发展多元化红色文创产品等途径，吸引更多年轻人。调查结果还显示，虽说平时接受红色教育的主要途径之一是参观红色景点，但多数人认为，自己所参观的红色景点还存在宣传力度小、景点疏于管理、配套基础设施不足、特色活动不足等方面的问题，这就使得红色景点不能充分发挥出其育人功能。反之，红色经典影视在效果上更加显著，他们能在其中了解更多历史，受到更强烈的爱国主义精神的感染。

（三）红色经典影视在青年人中受欢迎的原因分析

1. 民族认同感和自豪感

无一例外，受访者在观看这些红色影片之后民族认同感与自豪感得到了一个更高层次的提升。正因为其政治性与民族性，红色经典影视必须立足于民族，扎根于民族；也正是因为民族的存在，红色经典影视才有了存在的意义。不少同学都提到，正是因为这些红色影视，他们才得以更好、更具体地认识到中华民族从苦难走向独立、富强、复兴之路，这是一条艰苦卓绝的改革发展之路。也有同学提到，在这些红色影视作品中，人民团结一心追求独立从而浴血奋战，不怕苦不怕累，与外来侵略者死磕到底，他们爱党爱国爱人民，对党对国家他们是忠诚的，对共产主义事业他们是无私奉献的，通过一个又一个细节，反映了中华民族众志成城、团结一心的独特魅力，铁骨铮铮，不畏艰难险阻，勇往直前。中华民族走的道路，从来不是一帆风顺的。通过红色经典影视，更好地向当代人民反映了我们中国共产党在各个阶段所走的路线、施行的方针、发布的政策，以及我们中国共产党领导人在探索社会主义建设道路过程中的改革创新、锐意进取。通过影视作品，向我们展现了中国共产党的历史使命、理想信念，中华民族极强烈的爱国主义精神和各种革命精神，这其中所表现出来的爱国主义精神、革命精神、民族精神，正是社会主义核心价值观的具体表现形式，这就给当代中华民族一个极具正能量的导向，能更好地引导全国各族人民不忘使命、砥砺前行。

2. 先进性与时代性

很大一部分同学都认为这些红色影视作品之所以受到追捧，是因为它们顺应了时代发展潮流又保留住了高尚的民族精神。在历史发展的长河中会产生各种新的文化，而这些新的文化便是特定时间、时代的产物，这其中不仅仅向我们反映了特殊时期人民对未来的憧憬与为美好生活而奋斗的决心，还向我们证实了这些憧憬和决心都与当时所处的时代有着直接的联系。这些红色经典影视，在社会主义核心价值观的引导下，在与时俱进、不畏艰难险阻、砥砺前行的马克思主义中国化理论的指导下，顺应时代发展的潮流，赋予了那些具有爱国主义精神的革命者深刻的内涵。在这个时代里，他们的精神影响着后人，散发着独特的个人魅力，犹如精美绝伦的瑰宝，熠熠闪耀，震撼当代年轻人的内心，也向我们展现了中国共产党坚定的理想信念，和每个中华儿女不服输、不怕输的个人精神。从而，红色经典影视便拥有了与时俱进、紧跟时代潮流的优秀的时代品质。这些优秀的红色经典影视向我们展示了其坚定不移的民族精神与伟大的革命精神，并且反映了其在中国前行的道路上，如何推进社会的前进，具有怎样的意义和作用。它们会顺应时代向我们当代人展现出新时代中华民族是怎样走向团结、复兴，是怎样真正地做到了文化大繁荣、文艺大繁荣，以及人民生活安乐幸福的美好局面。近年来，我国红色影视创造出了一颗又一颗闪烁的明珠，对于时代而言这是最丰硕的果实，更是红色经典影视先进性与时代性的最好体现。

3. 大众性与引导性

超过半数的同学认为红色经典影视之所以能更好地传播，是因为它的大众性与引导性。它能被大众所接受和喜爱，并且在一定的范围内广为流传，那就绝对是具有大众性的，绝对是有一定号召能力、能引导大众发展的。近几年，在各影院、各大卫视热播的红色作品，作为特殊文化信息的负载者，它们所传达的各式各样的信息，受到了大多数观众的喜爱和支持，其中大学生也是一个很大的群体。因此，可以说红色影视具有鲜明的大众性。再加上优秀的演员们对红色经典作品的演绎，他们通过精湛的演技，向我们淋漓尽致地展现出了那个年代，人们热血沸腾、不畏艰难险阻、追求解放、追求和平并不惜牺牲自己的生命换来民族大义，换来新青年的美好未来的感人画面，让人为之动容。广大观众在观赏红色经典影视的过程中，感同身受，不经意间便被引领到了那个年代，激发了他们对家国的情怀，释放了他们骨子中对国家的热爱，爱国热情也在红色经典影视的热浪中被推向了高潮，人生观、价值观都受到了潜移默化的影响。在很多人看来，红色经典影视的热播，无疑是人们对社会主义核心价值观更好地学习与升华。

三、小结

除了问卷调查以外，我们还对本地大学生进行了走访。作为当代的热血青年，我们应该有自己的远大理想，那就是实现中华民族伟大复兴。这也是一次充满艰辛的长征，是时代赋予我们新青年的新的长征。少年兴则国兴，少年强则国强。我们要接过长征精神的光辉旗帜，适应时代发展的要求，锐意进取，自强不息，真正把爱国之志变成报国之行。今天为振兴中华而勤奋学习，明天为创造祖国辉煌的未来贡献自己的力量。红色影视作品通过视听盛宴，让我们重踏长征路，弘扬长征精神，努力拼搏，去追寻金色的理想，追寻明媚的春光，追寻火红的太阳，所以在大多数大学生看来，红色影视作品对于他们的人生有着引导意义和教化意义。在他们看来，虽说只有亲身经历才会有真实的感受，然而，红色影视作品真实还原了他们对那个年代发生的事情的感知，同时让他们感觉热血沸腾，时刻准备斗争，如果他们生在那个年代，他们也会奋勇向前。人无精神不立，国无精神不强。在新时代，我们一定要大力弘扬红色文化和红色精神，时不我待，意义深远。红色文化中的红色精神，永远是我们前进的根和魂。红色文化，留给我们的不仅有历史荣光，最重要的还是宝贵的精神财富。无论是独立自主、艰苦奋斗、不怕困难、敢于牺牲、谦虚谨慎，还是不拿群众一针一线、毫不利己专门利人、全心全意为人民服务等优良传统、优良作风，永远都值得我们薪火相传。在新时期新形势下，继承和弘扬红色文化精神，才能让我们在全新的发展事业中不断开拓进取，才能让我们在中华民族伟大复兴的征程中更加奋发有为！

当看到当代大学生对红色经典影视的看法时，我们认为红色经典影视存在的意义便出现了。红色经典影视的核心之一就是传承，把那份艰苦奋斗精神传承下去，中华人民的魂就是不怕苦不怕累的，在中国强国的过程中，正需要青少年有这种不怕苦不怕累的精神，大学生作为青少年的领头羊，更应该秉承着这种精神，并将这种精神继续弘扬下去。

四、对此次调查的思考与建议

（一）思考

经过本次调查，组员们对党中央号召我们学习"四史"、培养爱国主义思想、坚定中国特色社会主义道路信念有了深刻的认识。通过优秀红色经典影视这一媒介，对大学生的三观教育产生深刻的影响，使我们更加对当代大学生在传承红色基因、赓续红色血脉上有更多的思考。在大学生的学习生活中要多开展红色主题文化的学习，以便于大家深刻理解和树立社会主义核心价值观，增强使命感和责任感。

（二）建议

在调查中，我们也发现了一些今后需要关注的问题：

（1）不少学生对于红色经典影视了解程度不深。

（2）部分学生不是很了解自己居住地、家乡的红色旅游资源。

（3）大部分学生认为自己居住地、家乡红色产业发展现状一般。

（4）大部分学生能描述出共产主义对于自己的影响，但是不够深刻。

（5）少部分学生在观看党史答题活动之后，内心没有触动，对发展红色经典影视的认知有待加强。

（6）少部分学生认为参与过的红色旅游项目存在的问题是宣传少，特色活动不足。

如今，加强建设红色经典影视教育阵地势在必行，红色经典影视教育要与时俱进，注重理论研究，又密切联系实际，把握好时代的脉搏，更好地突出时代特点和青年人的实际，重视影视作品的引导性、教育性。通过优秀红色经典影视作品的教育教学活动，充分激发学生的民族自信心和自豪感，为社会主义现代化建设培养更多的合格建设者和可靠接班人。

文化传承

海南黎锦的保护与传承状况调研

——以海南昌江叉河镇排岸村为例

林健鸿　吕祥汉　刘梅晶　张涵清　何美玲

引　言

黎族早期并没有本民族文字，通过不同的黎锦图案来记录并表达生活中的所见所闻，就成了黎族人一种重要的社会文化符号、交流方式和记录方式。不同图案有着不同的寓意。如，海南省博物馆中用黎锦编制而成的《琼州海黎图》就记录了黎族早期的生活习俗。同时，黎锦也属于中国最早期的一批棉纺织品。在黎族中，根据其方言的不同主要分为哈、杞、润、美孚、赛五大方言区。本文主要研究的是昌江美孚方言区的黎锦。随着时间的沉淀以及黎族人民的不断改进，黎锦制作逐渐形成了具有民族特色的纺、染、织、绣四大工艺。黎族人民为了增加视觉美感，将刺绣分为单面刺绣和双面刺绣等具有民族特色的纺织技艺，而其中最能体现黎族传统纺染织绣技艺的则是"龙被"。"龙被"的制作难度很大，其质地为麻、棉、蚕丝3种，集纺、织、染、绣等工艺为一体，且图案变化多，色彩丰富，可谓是黎锦中的珍品，具有极高的人文艺术价值，且自西汉以来就是黎族进奉历代朝廷的贡品。

随着海南自贸港建设轰轰烈烈地启动，海南的经济、文化等步入新起点，这也意味着海南黎锦发展面临的竞争环境将更加激烈。本次调查，就是围绕海南黎锦的保护与传承状况展开的。

作者林健鸿、吕祥汉、刘梅晶、张涵清、何美玲，均为海口经济学院雅和人居工程学院2020级风景园林1班学生；指导教师刘英，为海口经济学院马克思主义学院教师。

一、调查设计

（一）问卷调查法

本次调查，一是随机抽取100名调查对象进行线上线下问卷调查；二是对在排岸村居住的黎族人，选取不同年龄段、不同性别的人进行面对面访谈，了解他们对黎锦保护和发展的看法。本次调查主要采用自编的问卷《有关黎锦的保护和传承——以海南省昌江黎族自治县叉河镇排岸村为例》进行。问卷共有17个问题，含10个单选题、6个多选题以及1个开放式问答题。调查时间为2021年7月29日至2021年8月15日。我们根据问卷星对数据进行回收，并且设置影响参数自动生成统计表。

（二）田野调查法

我们对昌江黎族自治县叉河镇排岸村进行了充分的调查，通过实地调研考察的方式来研究海南传统黎锦的图案、装饰以及了解在现实生活中黎锦图案的实际应用，并拍摄相关资料以供在本次论文撰写中进行查阅与参考。

（三）文献分析法

广泛收集与黎锦的保护与传承相关的文献资料，通过不同的研究角度对黎锦进行研究，对文献进行筛选和整理，选出我们所需要的内容，同时也为我们提供一个理论的支撑。

二、调查结果与分析

（一）黎锦的保护与传承的调查分析

1.关于网上调查问卷的分析

通过对网上问卷调查数据的分析得知，大部分人是对海南黎族文化秉承着感兴趣的态度，这也就意味着我们可以向他们宣传黎族的文化，让黎族的非物质文化可以被更多的人了解甚至去传承。其中最典型的代表便是黎锦。在早期，人们所面临的问题是原材料的短缺从而导致黎锦的制作周期长，然而随着交通的便利以及科技的进一步发展，原材料的获取变得容易，这一问题也就随之解决了。但新的问题随之而来。在互联网大数据的时代下，不同文化进行了交流与融合，而在外来文化的冲击下，很多黎族的年轻人开始不愿意去学习自己本民族的文化。另外，在保护海南黎族非物质文化遗产的过程中也面临种种困难，例如制作的黎锦如何去销售，以及如何能够让更多人喜欢黎族文化，喜欢甚至传承黎锦的制作技艺。

2. 关于线下调查的分析

我们在海南省昌江黎族自治县叉河镇对不同年龄段的黎族人民就黎锦进行相关问题的询问，主要把年龄段分为4个阶层（见图1）。

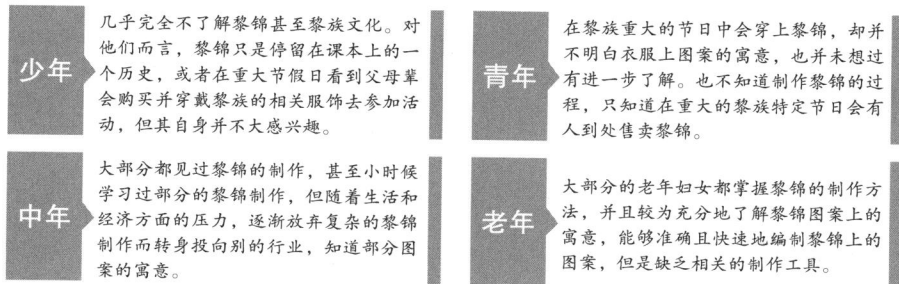

少年	几乎完全不了解黎锦甚至黎族文化。对他们而言，黎锦只是停留在课本上的一个历史，或者在重大节假日看到父母辈会购买并穿戴黎族的相关服饰去参加活动，但其自身并不大感兴趣。	**青年**	在黎族重大的节日中会穿上黎锦，却并不明白衣服上图案的寓意，也并未想过有进一步的了解。也不知道制作黎锦的过程，只知道在重大的黎族特定节日会有人到处卖黎锦。
中年	大部分都见过黎锦的制作，甚至小时候学习过部分的黎锦制作，但随着生活和经济方面的压力，逐渐放弃复杂的黎锦制作而转身投向别的行业，知道部分图案的寓意。	**老年**	大部分的老年妇女都掌握黎锦的制作方法，并且较为充分地了解黎锦图案上的寓意，能够准确快速地编制黎锦上的图案，但是缺乏相关的制作工具。

图1 4个年龄段的黎族人对黎锦的看法

随着互联网时代的快速发展，人们的生活节奏正在逐步加快，但该地区的黎锦文化发展却未能同步加速。如今的黎锦在黎族青少年的眼里已经开始过时，他们也并无太多的了解和学习兴趣。例如黎锦的早期代表作品"龙被"的织造技艺由于后继无人，在20世纪就被认定失传，成了黎锦历史中一段辉煌的记忆。而现如今的黎锦大多只是通过海南当地较为不成熟的文创宣传作为一个卖点，并且多数时间在特定的旅游季节进行销售，但受限于销售模式、宣传手段，目前知名度并不高，实际愿意购买的人也很少。

图2-1 物品上的黎锦图案

图2-2 物品上的黎锦图案

图2-3 物品上的黎锦图案

从图2-1至图2-3不难看出，该地区文创产品只是简单地把黎锦上的图案直接印于物品上，缺乏足够的黎族特色和手工艺感，不了解其文化背景的游客对其不感兴趣也是意料之中。

3. 黎锦技艺大多数由女性来继承

黎锦技艺多数由女性传承，并不是因为其只传女不传男。其中一个说法是在古代都秉承着一个"男耕女织"的原则。此外，古老的黎寨流还传着一个说法：如果男人学了，在外出打猎时就会空手而归。所以黎锦技艺的传承主要是通过母女口口相传的方式进行。由于缺乏文字等系统性的记录，黎锦发展很容易造成失传或是传递错误的现象。并且黎锦技艺比较特殊，其制作也很耗费时间，导致黎锦技艺的传承更加艰难。随着时代的进步和人们思想观念的转变，黎锦技艺也开始逐渐有男性来进行传承。但最初相关的民族技工学校开办黎锦技艺班时，基本是清一色的女生，直到近几年才开始有了男生的加入。

4. 如何进一步通过文创产品来提高黎锦等黎族非物质文化遗产的知名度

其实，当下国内非物质文化遗产相关的文创产业整体正处在一个蓬勃发展的时期，例如故宫文创、中国国家博物馆文创都是非常成功的发展案例。海南省博物馆内也具有相关的文创产品，但因为其品牌特色不够突出，产品设计不够新颖，宣传力度不够大，产业起步晚，仍处于不成熟的探索阶段。现如今海南正处于自贸港的建设中，正是借机宣传推广海南特色文化、打响海南文创产品知名度的大好时机。

同时，海南的黎锦要找准产品的定位，只有找准定位才能更好地思考、研究品牌的发展方向。然后我们需要真心关注、热爱黎锦文化的设计师或者相关手工艺者通过对黎锦图案与相关材料进行创意组合，做出实用性高的、具有充分民族特色的文创产品来推广黎锦文化。还有地方社会、民间、政府也应协同致力宣传黎锦历史，让更多人听到、看到并重视这一非物质文化。

（二）黎锦图案（纹样）的寓意

黎锦上不同的图案（纹样）不仅拥有着不同的色彩样式、不同的寓意，还是黎族人民记录生活的一种重要方式。其中动物纹与植物纹蕴含的寓意较为丰富。因为身处热带环境，黎族人民长期与动物相伴，该地区的动物也成为日常生活表征中的一部分。其中，较为常见的动物图样为蛙纹、鱼纹、蝉纹、鸟纹、牛纹、龟纹、龙纹等。通过几何图形的方式，运用多个不同大小的面块来表达不同动物的基本形态特征，再通过纺织过程进一步挖掘自然美，赋予织绣动物自身的情感（灵动性）。这也是批量生产的黎锦与手工定制的高端黎锦无法媲美的地方。

而黎锦中动物纹样的相关寓意，以较为常出现的蛙纹、龙纹为例，蛙纹一是象征着除害，保护农作物，二是因为其繁殖能力强，符合中国多子多福的传统观念；龙纹象征着高贵、吉祥、幸福和美好，与传统的动物纹样所不同的是，它并不存在于现实生活之中，而是作为黎族人民对自然的一种崇敬，也反映了我国少数民族对我国传统历史文化的一种传承。

植物纹和动物纹一样，也是黎族人民对生活的一种记录。如果说动物纹所象征的是黎族人民的精神信仰，那么植物纹所象征的则是蓬勃向上的一种生命力。黎族人民生活在热带丛林处，热带植物资源极其丰富，故黎族妇女常将木棉、龙骨花等美丽纹样绣在黎锦上，个别的图案还成了某地区的一种标志。木棉也叫海岛棉，是黎锦制作过程中必不可少的原材料，同时也是植物纹样的重要组成部分。

在黎锦上，植物纹可以单独出现，也可以通过与人形纹等相结合，组成一个更具有层次感的图案出现在黎锦上。黎锦上的图案通常具有较为浓厚的自然风气，具有黎族特色的艺术风格，也是黎族人民在生活中活着的"文字"。不同地区的黎族所纺织的图案也有所不同，据不完全统计，黎锦的纹样以及图案多达160种，黎锦上的图案已经不单单是简单的几何图案，它具有极其重要的文化收藏价值。例如，黎锦中的福、寿、喜等文字图案是受汉文化的影响，表达了黎族人民对健康长寿以及福禄生活的憧憬和向往。被当作朝廷贡品的"龙被"则是汉族与黎族文化相交融所形成的文化产物，以汉民族之中的龙纹图样为主，再搭配上黎族之中的提花图案，形成独具特色的艺术品。

（三）黎锦的发展困境

1. 资金匮乏

资金的短缺问题是黎锦在传承的过程中所遇到的最重要的问题，海南省经济基础薄弱、产业少，经济发展整体水平落后于全国大部分地方，难以为保护非物质文化遗产提供充足的资金。而部分传承黎锦的地区如昌江、保亭又属于海南经济不发达地区，研究和保护经费更加不充足，从而导致保护与传承工作很难顺利进行。另一方面，资金短缺也就意味着对黎锦的宣传工作造成了严重的影响，如缺乏相关艺术宣教、文化展览以及文化宣传不到位，最直接的体现就是新一代黎族青少年越来越不了解黎锦的历史，更不愿意去主动传承本民族的文化。以往，只有在黎族重大节日老一辈才会带着年轻一辈穿着黎锦去参加活动，但现在，即使在黎族重大节日，很多年轻人也已经不再穿着黎锦服饰。

2. 缺乏市场动力

随着近几年国家和民众开始逐步对民族文化传承重视起来，另一方面也是得益于国家政策的支持，黎锦开始渐渐又回到一些人的关注范围，也有人开始了解、收集、发掘相关文化，这对保护黎锦文化起到了很积极的作用。但从目前相关的分析与总结中不难发现，其实黎锦的传承和发展工作并未顺应市场和时代的变化，单纯的黎锦织物已经很难进入现代民众的日常生活，大多数又不具备收藏价值，难以有效激发黎锦发展的生命力。

3. 原材料工艺繁杂及纺织工具生产效率低

黎锦在纺织过程中采用的都是海南当地的天然原材料，如海岛棉、木棉或野麻纤维。首先，黎族传统纺染织绣工序会有一个先染后织的过程，还要提前做好一些工作上的准备，如上浆、导线、整经与穿筘，以黑色或蓝黑色作为一个底线（经线），根据图案的需要，运用不同颜色线条进行搭配，运用拉经、投纬、打纬、经纬相交，错综地编织出各种凸起的图案。因为其原材料和工艺以及相关制造机器如踞腰织机（图3）和脚踏织机的特殊性，还有有限的自然资源等限制，使得黎锦的无法批量性生产。也正因如此，黎锦的传承更加困难。

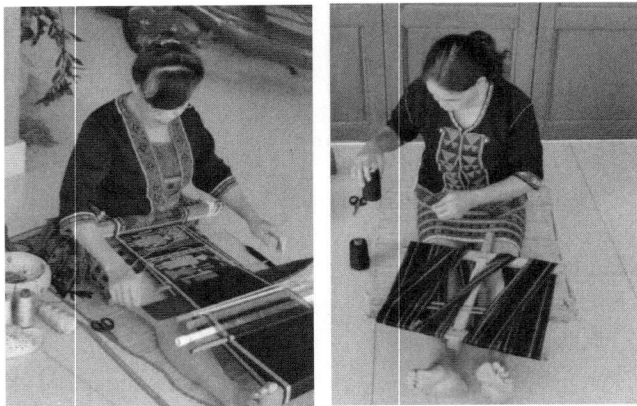

图3　黎锦的手工艺人在现场编制黎锦

4. 民众的文化自觉不够

黎锦主要以家庭口口相传的方式传承，以母女相传最为普遍，缺乏系统性的教学，因此在保护、传承和发展黎锦的过程中当地居民的参与是必不可少的。特别是青少年一代对黎锦的态度以及看法在很大程度上决定了黎族织锦的兴衰。

但海南当地的大多数民众都忽略了黎锦独特的历史文化价值与黎锦本身的美学艺术价值，只是简简单单把它作为一种黎族重大节日期间的民族服饰。如此看来，要让民众自发地去保护和传承黎锦技艺，仍需要不断提升民众自身的文化水平与保护意识，夯实海南当地对非遗文化的认识，建设坚实的群众基础。

5. 文化特色的发掘与创新型转化不够

海南岛是位于热带地区、四面环海的岛屿，拥有着极其丰富的自然资源和旅游资源，而且近些年来海南正在建设国际旅游岛、自贸港、免税店等，国家相关政策的支持以及海南当地所具有的优良的先天条件，都进一步带动了海南旅游业的发展，海南当地也逐渐开始有了与黎锦相关的文创产品。但因其未能够形成有明显特色的品牌，缺乏现代感、实用性、创新性，传统的黎锦纺织物很难与现实相接轨并满足当代消费者对于文创产品的相关需求。

三、对此次调查的思考与建议

（一）思考

调研小组通过本次对海南省昌江黎族自治县叉河镇排岸村进行的社会调查与数据分析发现，随着外来文化的冲击以及审美方式的改变，越来越多的黎族年轻人对黎锦的兴趣和关注度在持续下降。调研小组还对昌江黎锦的传承与五指山的黎锦文化建设进行了简单了解和比较，整体上五指山的黎锦文化保护与开发做得更好。五指山地区无论是从黎锦传承人县级以上的数量，还是黎锦走进中小学生课堂，又或是激发他们的民族情怀等方面，都有很多值得昌江学习和借鉴的。如果昌江再不采取有效的保护和发展措施，未来该地区的黎锦文化遗失将会日益严重。此外，在比较中还可以看到海南很多地方在黎锦发展中暴露出一个较为明显的问题：虽然有些地方投入了大量的资金在中小学课堂教育之中，但大多时候这种教育仍处在浅层次，课上仅仅对黎锦做了一个基本的介绍，并未当作一门学科、一门技艺来讲解、教育。这也使得有些地方对黎锦文化的宣传教育已经投入不少的资金却仍未取得较好的预期效果。

（二）建议

1. 黎锦运营建议

（1）可以开发有黎族特色的民宿酒店，例如：运用相关黎锦图案对部分建筑起到一个画龙点睛的作用。昌江黎族自治县的酒店不少，但是没有能够形成民族特色，未能有一个鲜明的特征给人留下深刻的印象，在这方面可以多下功夫。

（2）加强与酒店用户的双向信息沟通交流，以此来提高用户的满意程度；对相关不足的点进行收集并加以改进，提供适当的增值服务；也可以通过酒店用户进行相关的民族文化宣传。

（3）创新思维。要想在众多的文创产品中脱颖而出就要结合实际，与现实接轨，在保留黎锦原有的相关特色的前提之下来进行符合现代人需求的创新。

（4）对相关文创产品进行改进。简单地把黎锦相关图案直接印在物品之上极度缺乏创造力，应将图案中的典型元素和相关材料进行组合，从而赋予文创产品艺术感以及形态美。具有较高的实用性能以及较为强烈的民族特色风格，形成特色的品牌，这样能够提升黎族相关文创产品的销量和知名度，以此来宣传、保护和传承黎族相关文化。

2. 黎锦保护和发展建议

（1）一方面，可投入大量的资金对黎族的中小学生进行黎锦技艺的兴趣培养，另一方面，也可投入资金对中高职院校从事黎锦相关学科技艺的学生进行鼓励和补助。努力避免学生因为收入放弃继承黎锦技艺。

（2）设置黎锦相关的等级考试，形成职业技能的鉴定，同时建立保护非物质文化遗产的基金会对不同等级的手工艺人进行针对性的补贴。当地政府也可以出台相应的保护和扶持制度，开设与技艺相关的现代化培训教育，如引入现代色彩设计和设计原理等相关知识，来进一步提高黎锦的创新性，让黎锦的制作有机融合现代化审美，拓宽黎锦的受众面。

（3）改进制作流程，提高生产率。可以通过机器批量化生产来降低运营成本，以较低廉的价格对黎锦进行生产然后售出，再通过预约手工定制黎锦作为高端产品出售。将海南黎锦技艺作为一个职业技术教育的范畴，甚至可以把黎锦技艺列为海南艺考中的一个学科，然后在当地的大学、中专、技校等培育海南黎锦的传承人。通过与相关院校达成合作，从而实现黎锦的进一步传承与发展。

（4）激活黎族人的文化自觉。"三月三"等是黎族人的特色节日，也是展示黎锦的一个大好时机。除了这种黎族传统节日，还可以围绕黎族的文化设置一些有鼓励旅游性质的节日或者借助海南其他特色节日，做好相关的旅游宣传，借此推广黎锦文化，让它走进更多人的选择。

非物质文化遗产琼剧的保护与传承状况调查

刘　雁　陈瑞雪　杨冠楠　罗　姗

引　言

　　琼剧发展历史悠久，有着深厚的历史文化积淀。它传承至今已形成带帮腔的"曲牌体"和"板腔体"两种曲调和唱腔以及多乐器伴奏的演唱形式，还积淀了《张文秀》《红叶题诗》《下南洋》等一批经典剧目，其演出服饰色彩鲜艳、写意性强，具有较高的艺术审美价值。其发展经历了明末清初时期形成—五四运动后丧失本色—新中国成立后重获新生—"文革"时期陷入危机—中国共产党十一届三中全会召开至今的拨乱反正、恢复发展的各个阶段。它记载着海南历史文化发展的脉络，是一部活态历史，是大陆传统剧种在边疆的传承和发展，既有继承，又有创新和发展，也是研究地方剧种历史发展规律的活标本。

　　《海南自由贸易港建设总体方案》中涉及文化建设方面的内容有两条，即建设海南国际设计岛和建设对外文化贸易基地。而琼剧中特色鲜明的艺术形式是海南旅游产业开发的物质性基础。所以在逐步探索、稳步推进自由贸易港建设过程中，琼剧也要着眼于文化产业的建设与发展，借此机遇提升海南文化产业的实力。

一、调查设计

（一）调查对象

　　随机抽取微信、QQ的600名网友进行网上问卷调查，以及在海南省公园、街头随机抽取100名中老年人进行采访式问卷调查。

作者刘雁、陈瑞雪、杨冠楠、罗姗，均为海口经济学院艺术设计学院2019级工业设计1班学生；指导教师吴慧丽，为海口经济学院马克思主义学院教师。

（二）调查方法

本次调查分为两部分：一是采用自编的网上问卷《关于琼剧的现状调查》进行，问卷设置了10个单选题、7个多选题以及1个开放题；二是采用线下问卷《关于琼剧的现状调查（中老年卷）》进行，问卷从第5题根据逻辑被划分成2份。

（三）调查时间

本次调查时间为2020年7月21日至2020年8月31日。

（四）问卷回收

本次调查实际发放问卷700份，回收有效问卷685份，有效回收率97.8%。

（五）数据处理

网上问卷是由问卷网根据回收数据自动生成统计表，线下问卷由人工手动统计后在Excel制成图表。

二、调查结果与分析

（一）对琼剧的了解程度

在新时代互联网遍布的情形之下，我们的传统文化娱乐方式正随着文化传播媒介的改变而改变，而琼剧作为海南文化的象征也随着历史的进程从雅俗共赏的地方小舞台到千家万户随赏的大荧幕。当我们在感慨琼剧的艺术魅力时，我们当中还有多少人愿意走进她的内心深处，去探访海南文化的根，去聆听属于每一代海南人的声音呢？一个地区的文化是兴盛还是衰败得看那个地区的群众对其推崇程度，因此我们分年龄阶段调查了在琼地区和非琼地区群众对琼剧的了解程度。从年龄结构来看，在调查数据中，年轻人对琼剧十分喜爱的为0，而中老年人对琼剧热爱的也不到15%，民众喜爱度偏低。那到底是什么原因导致的呢？我们的调查中有"从未听说过琼剧"这一选项，选了它的年轻人已达到了20%，而老年人也达到了14%。或许这些年轻人、中老年人是非琼居民，并且有的人因为接触外来消息少，所以不了解。基于此，我们再从是不是海南本地居民进行分析。

从调查结果中，我们可以看到，非琼居民的确存在着27.7%的人从未听说过琼剧。不过在琼居民中竟然也有3.8%的人从未听过。此外，对琼剧有一定了解的人不到15%，大多数人仅限于看过、听说过，这也是琼剧现在所面临的尴尬。

（二）喜欢琼剧的原因

新中国成立以后，虽然为琼剧的发展提供良好的社会环境和广阔的发展空间，但是在科技飞速发展、经济全球化的今天，琼剧却经受着前所未有的巨大挑战。据统计，1992年时，海南省专业琼剧团有18个，业余琼剧团有80多个，而到了2002年省国办琼剧团只有7个，业余的琼剧团也只有10多个，令人感到无比担忧。所幸琼剧在2008年6月国家第二批非物质文化遗产审批中通过，这使得一批人坚定了守护文化自信力的责任感和传扬琼剧的自豪感，之后的3年里民营琼剧团也在大幅增长。令人惊喜的是，到了2019年，可调查到的民营剧团又增加到50多个，国家琼剧团也有近10个。从某一方面我们不难看出，很多有志之士想要传承我们的"根"，宣扬海南的文化，可从琼剧现状角度来看，将本身的优势发扬光大，增加受众，让更多人喜欢它，才能激发出琼剧的潜力。问卷中有"喜欢琼剧的原因"一项，5个选项选择的人数都差不多，选择"服饰妆容"和"故事内容"的人数稍多，选择"动作设计"的人数较少（图1），无论是人多还是人少我们都可以抓住细节来获取观众。

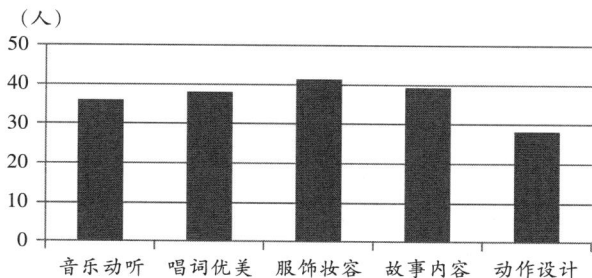

图1 喜欢琼剧的原因

（三）不喜欢琼剧的原因

对于"您在换频道时遇到琼剧会怎么样"这一问，超过一半的人都愿意停留下来看一会儿（图2）。可见大众对琼剧的不喜欢并没有到极致，大部分人对于琼剧还是很好奇的。那为什么有那么多人不喜欢琼剧？

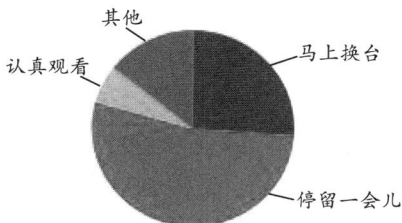

图2 换频道时做出的各种选择

在不喜欢琼剧的原因中，高居数据榜首的竟然是"和自己有一定距离"。这从一方面表现了人们在快节奏生活中无法沉淀下来，生活节奏正在无形地抗拒琼剧这一古老的艺术。而排在第二的"语言障碍"也是除精神交流外最大的问题，排第三的"晦涩难懂"更加论证了一门艺术应当适当地随时代而进步，否则很快就不再被接受。

对"是否在家中听过老人播放琼剧"这一问，设置此类问题就是想了解我们这一代是否自幼就浸染在琼剧氛围中。结果显示，有26.3%的人未听过老人播放琼剧。

三、对琼剧的保护

（一）琼剧的主要保护方式

录制琼剧演出的高质量视频，将一些脍炙人口的戏剧尽量以小视频的形式散播到各大视频投放中心去；逢年过节多陪老人去戏剧院观赏琼剧；多举办琼剧文化艺术名家形式的活动，如名家唱段欣赏、琼剧知识讲座、与琼剧相关的影视鉴赏、大型的图片展览。对琼剧也可以进行创新方式的保护，大力推行普通话版本的琼剧（并不是要舍去方言唱腔，而是在一些晦涩难懂的部分先用音乐唱腔将剧意表达出来，让观众能听懂。能大概明白戏曲在讲什么应是首要的，这也是非常重要的吸引和巩固听众的一部分。在此基础上我们再向观众用方言腔表达更加地道的琼剧精髓也不怕观众不喜欢听或是听不懂）。

（二）更改开发后的现实积极意义

对琼剧进行创新的方式：缩短演出时间，减少繁文缛节；明确故事背景，增加作品理解度；注入新活力，与现代文学结合；加大对青年优秀演员的宣传。以上每一项都得到大家的广泛认可。其中认可度最高的是注入新活力，与现代文学结合。琼剧在当代不流行的原因，从我们的调查中可以发现存在唱词听不懂这个隐藏的问题。

此外，对于"是否要在中小学或大学教育课程中加入琼剧文化的学习"，70%的人认为有必要。这说明我们可以考虑将保护方式由口头传播变成纸质或电子传阅。

（三）有待更改或向其他戏剧剧种学习的内容

《说唱脸谱》是一首京剧与流行音乐相结合的戏歌，借鉴京剧唱腔和旋律，将我国的传统戏曲元素巧妙地融入歌曲之中，使整首歌朗朗上口，亦歌亦戏，立刻拉近了观众与京剧的距离。琼剧是否可以借鉴这种方式呢？2009年7月初和12月底，海南本土歌手"金安仔"和"流星阿文"创作的海南话歌曲《哆咪哆咪》《定安娘子》，以海南话说唱和琼剧结合的方式创作，在网络上引起轰动，掀起了新一轮海南话流行歌曲热潮。而近年来昆曲、豫剧等其他戏曲的纷纷出圈，像老大哥京剧一样和流行乐结合刮起了古风潮，不仅好评连连，而且每一年都有很多首大火的歌曲，这也是值得学习的。

四、思考与建议

（一）思考

（1）作为当代海南大学生可以为琼剧做出哪些方面的努力呢？我们也许做不了多大贡献，但可以在每一次学校举办盛会时踊跃报名有关琼剧的文艺活动，无论台前或幕后；还可以在每一次的支教活动中向孩子们宣扬海南传统文化，让他们牢牢地记住我们的根。

（2）在青年人和中老年人眼中琼剧存在有哪些意义？在家中陪老人共同观看或收听琼剧，增加话题，拉近彼此间距离，也许逝去的岁月就在荧幕前或荧幕后的舞台下。

（3）琼剧在海南的现代文化传承和经济贸易发展中扮演什么角色？作为旅游演艺产品之一，琼剧为打造演艺小镇与国家南海文博产业园增添了人文底色。

（二）建议

我们建议大力推行普通话版本的琼剧，这并不是要舍去方言唱腔。从我们收集到的数据来看，对"您认为有必要大力推行普通话版本的琼剧吗"一问，超过45%的中老年人都认为有必要；而超过50%的年轻人认为没有必要，他们认为方言是琼剧的特色。我们在研究琼剧唱腔的基础上提出，在一些晦涩难懂的部分先用音乐唱腔将剧意表达给观众，让观众能听懂，能大概明白戏曲在讲什么，在此基础上再向观众用方言腔表达更加地道的琼剧精髓，也不怕观众不喜欢听或是听不懂。

从上面两组数据的对比中可以看出，老一辈的人很想让年轻人能了解他们那一代的文化和认识到他们的根，而年轻一辈也十分想保护好属于自己一方的文化记忆。在这样的事情上显然没有地域分化，因为在非琼居民中有52%的人也同样认为没有必要，方言是琼剧特色。当大家都想要保护好属于自己的那一方文化时，琼剧为什么在排除了经济等因素后还存在发展传承危机？从年轻一代分析，我们认为语言不通是最大原因，所以提出以上建议用来解决语言障碍问题。

中日动画对00后早期成长影响的调查

王凯博　郭庆峰　方廷源　邢博理　李昌松

引　言

中国动画起源于20世纪20年代，当时，受到《从墨水瓶里跳出来》等美国动画片的启发，中国人开始对神奇的动画片着迷。1922年，中国的第一部动画《舒振东华文打字机》迈出中国动画史的第一步。20世纪40年代，由万氏兄弟创作的中国第一部长篇动画《铁扇公主》受到人们的热烈欢迎，促进了中国动画的国际化发展，比日本的第一部长篇动画早了两年。而《葫芦兄弟》《喜羊羊与灰太狼》等对00后留下深刻印象的优质动画都是在20世纪80年代后相继出现的。这些优质的动画片给我们童年带来了不可替代的快乐。甚至有人还认为动画片改变了自己对世界的看法，丰富了自己的生活，让自己度过了不开心的时光。但也有些人认为中国以前的动画片实属幼稚，难登大雅之堂。并且也有媒体推波助澜：动画让小孩子胡乱模仿，极其危险。

所以，为了探究动画对一个人早期成长产生了哪些影响，以及就如何解决现阶段动画的相关问题提出思考和建议，让我们的动画能够更好地发展，让孩子们能更加茁壮地成长，我们团队以中国动画为主，结合日本动画，进行了这次关于动画对00后早期成长影响的调查。

一、调查设计

（一）调查对象

随机抽取小组成员的同学或弟弟妹妹们进行网上问卷调查。

作者王凯博、郭庆峰、方廷源、邢博理、李昌松，均为海口经济学院网络学院2019级计算机科学与技术1班学生；指导教师张立，为海口经济学院马克思主义学院教师。

（二）调查方法

此次调查运用问卷星程序，通过自主编写的网上问卷《中日动画对00后早期成长影响的调查》进行。

（三）调查时间

此次调查时间为2020年8月19日至2020年8月28日。

（四）问卷回收

此次调查共发放问卷100份，回收有效问卷81份，有效回收率81%。

（五）数据处理

由问卷星程序根据回收的数据自动生成统计表。

二、中日动画的历史背景

中日两国的动画均于20世纪20年代初期起步，在20世纪40年代进入了成熟阶段。中国的第一部动画长片《铁扇公主》在1941年播出，观众观影盛况空前，还在南亚以及日本放映过。新中国成立后，文化部确立了"美术片要为儿童服务"的方针。日本方面，受日本战败的影响，日本动画开始使用反战题材，深受欢迎，并且影响深远。20世纪五六十年代是中国动画史上的辉煌时刻，短篇方面，中国动画探索出了别具一格的水墨动画，《小蝌蚪找妈妈》是动画时尚艺术价值最高的作品之一；动画长篇的代表作也是巅峰之作《大闹天宫》，艺术价值极高且文化输出作用不俗。日本动画长篇的代表作是1958年的《白蛇传》，这是模仿迪士尼产业化的作品，取材却是中国的古代传说。这个时间段日本开始普及电视，电视动画开始蓬勃发展。而中国普及电视晚了20年，错过了将近20年的发展时间。20世纪六七十年代是中国动画最无力的时间，而日本动画爆发式增长，动画系列片的年产部数逐年递增，1964年有3部，到了1965年则一口气暴增到14部。20世纪80年代，中国动画有许多优秀创作，产量222部，代表作是《葫芦兄弟》，这部作品展现了只属于中国动画的柔美，电视动画开始发展。这一时期日本方面的代表作是1984年宫崎骏的《风之谷》，作为一代大师的开山之作，这部动画中别具一格的世界观以及人性价值观深刻地影响了其后10余年日本动画的方向。20世纪90年代至今，中国动画逐步进入市场，中日两国的动画都在逐渐发展。

三、调查结果与分析

（一）受欢迎的动画

1. 动画类型

近年来，国产动画优秀作品频出，如以儿童为受众群体的搞笑、剧情类的《喜羊羊与灰太狼》《果宝特工》等作品和以青少年为受众群体的冒险、战争类的《秦时明月》《秦汉英雄传》《隋唐英雄传》等作品，都有形成动画类型的趋势。还有科幻类的《电击小子》《纳米核心》这样有着不完全相同的受众群体和影像风格，在创作模式上也是不同的作品。由图1可以看出，以少年儿童为受众目标的搞笑类、冒险类动画是最受欢迎的。

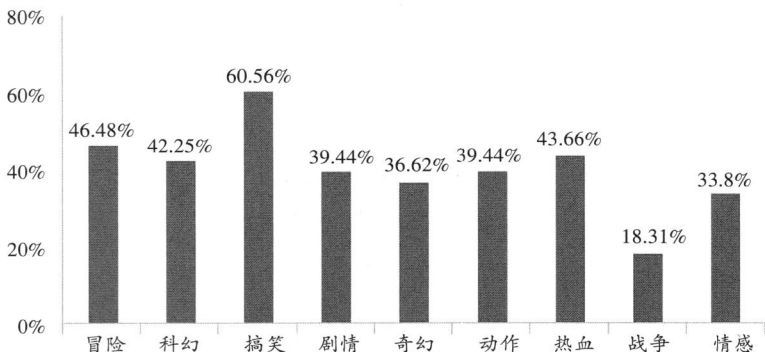

图1　受欢迎动画类型（多选）

2. 受众群体

低幼年龄的观众心理还处在不成熟的时期，喜欢模仿动画作品情节及人物行为举止，在观看动画片的时候，角色和剧情会对他们产生比较大的影响。

青少年在生理及心理上进入了一个成长期，自我意识得到了发展和加强，开始更多地注意自我，对动画人物的喜欢更多的是一种认可和归属感。并且在选择动画时，除了自己喜欢的类型之外，他们也会关注当下比较流行的动画。

成年受众拥有成熟的心理机制，他们在观看动画的时候，能清晰地将动画世界与现实世界区分开来。此时，这些动画也激发着他们对童年生活、对美好岁月的回忆，同时他们在潜意识里回避现实生活带来的压力

对于00后来说，他们最初接触动画片都是在幼年至童年时期，动画中的记忆会长久地存在于脑海中。在这一时期，小观众们的某些价值观念和意识形态

已经萌生和发展。

3. 对动画的模仿

（1）模仿动画行为的情况。为了解00后们对动画片模仿行为的发生情况，在问卷中设置了问题"你模仿动画中角色的言语、行为吗"，提供"现在也是""几乎每天""经常""偶尔""从来没有""其他（可填写）"6个选项。由图2可知，选择"现在也是"的占7.04%，可以说这是非常热爱动画的一部分同学；选择"几乎每天"的占4.23%；选择"经常"的占26.12%；选择"从来没有"的占9.86%，选择"偶尔"的占48.52%，超过一半。也就是说有超过80%的受访者清楚意识到自己在日常生活中有模仿动画的经历。动画中人物的做事方法、动作或行为被受访者所注意、观察和认同。

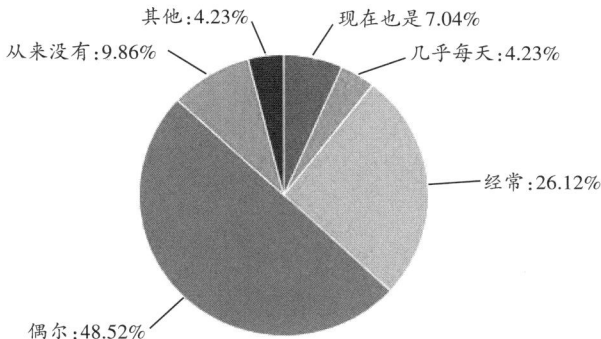

图2　模仿动画言语、行为频率

（2）幻想成为动画角色的情况。在了解了00后们对动画的模仿行为情况后，我们又在问卷中设置问题"你幻想过成为动画中的角色吗"，来看看动画角色在他们心中的地位。同样设置了6个选项："现在也是""经常""有时""可能有""从来没有""其他"。由图3可知，选择"现在也是"的占9.86%，选择"经常"的占23.35%，选择"有时"的占38.03%，选择"可能有"的占16.9%，只有不到20%的同学对此不确定或表示否定。由此可见，不是所有的00后都会在看过动画后模仿，幻想成为动画中的角色。儿童是否模仿，主要与一些儿童对动画的"无意识"模仿有关。至于模仿的原因，他们不知道。因此，笔者将这种情况归因于一种"习惯"——孩子越喜欢动画，模仿的可能性就越大。比如，对于动画语言的模仿，20世纪90年代著名心理学家陈华峰就指出："孩子在看有字幕的动画片时，不需要任何指导，就可以学习汉字，这说明电视对儿童词汇发展有积极的影响。"一般来说，孩子们会以认同谁为榜样。同样，孩子们认同或喜欢什么样的动画内容，也会有意识或不自觉地模仿。由此可见，模仿行为的产生涵盖了观察和识别榜样的心理过程。

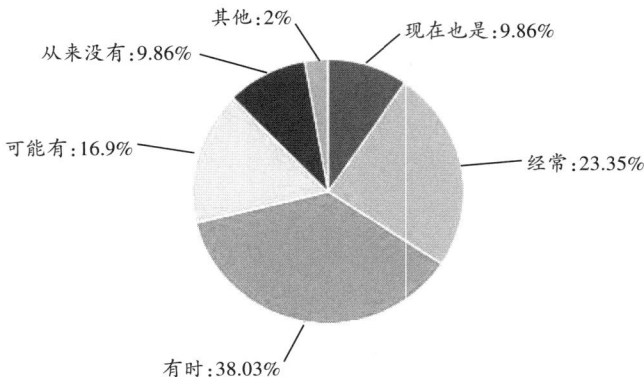

图3　幻想成为动画角色频率

（二）中日动画对00后早期成长的影响

1. 积极影响

（1）普及科学知识。在动画发展过程中，重视增强动画的教育功能，以动画制作的方式，宣传一些积极、正能量的教育思想。如《海尔兄弟》，智慧老人创造出了一对海尔兄弟，一个黄发，一个黑发。动画主要讲述这对兄弟和他们的朋友为解决和探究人类正在面临的自然环境灾难而周游世界的故事。又如蕴含宇宙星空、生态环境、人文历史、自然科学等方面知识的《蓝猫淘气3000问》，它以"知识卡通"的艺术创意走出了自己的道路。它透过主角蓝猫和淘气及其他朋友们的冒险故事，向小朋友提供丰富多彩的宇宙、人文、地理、历史、自然等科学知识，极具娱乐性、童真性和趣味性。据有关统计，我国知识属性动画和数理逻辑属性动画的部数呈逐年上升的趋势。孩子们在观看动画的过程中，可以更好地对知识进行理解和记忆，在潜移默化中学习到了相应知识，拓宽视野，增长见识，认识世界，对于孩子们的成长具有珍贵的意义。

（2）增强团结一心、共同努力的集体意识。有些动画突出的一个中心思想就是"集体主义"。《灌篮高手》中的流川枫能力极强并且有很好的天赋，但他几乎一直是独断独行的，在一次与陵南的比赛失利后，他很不甘心，后来他感受到篮球不是一个人强就行了，这让他懂得了团结。《葫芦兄弟》集中表现集体主义的价值观。在观看《葫芦兄弟》这部动画片时，虽然7个葫芦娃个个都有着强大的本领，但是在对付蛇精的时候，蛇精都能发现他们的弱点并逐个击破，每一个葫芦娃都无法单独打败蛇精。当7个葫芦娃团结一心，力量汇集在一起的时候，蛇精才被降服。这类动画寓教于乐，为孩子们传播集体主义思想，让孩子们意识到团结的力量。

动画中表现出集体主义，孩子们在观看动画的过程中，会受到动画的影响从而意识到集体的作用，在今后的成长过程中，会更加注重与人建立和谐友善的关系，为集体奉献自己的价值。

（3）激励青少年为了理想而奋斗。远大的理想、信念是一个人所追求和向往的，同时也是每一个人的世界观、人生观、价值观的集中体现。崇高的理想、坚定的信念是一种巨大的精神力量。

动画中那些为了理想而奋斗的动画角色在青少年的心中留下了深刻印象。理想是伴随着我们成长、奋斗的主题，健康的心理素质，文明的行为习惯，良好的道德品德，科学的世界观、人生观、价值观，崇高的理想和信念，都是很可贵的。中学生正处于成长的最佳时期，通过如《灌篮高手》动画角色樱木花道所表现出的为理想积极奋斗的精神，使青少年对未来憧憬，自己编织、勾画美好人生。要树立同樱木一样正确的个人理想，摒弃生活中那些狭隘、自私以及利己主义的缺点，做到利他、博爱、不见利忘义；要学习樱木的积极向上精神，为目标、理想坚持不懈奋斗，胸怀大志，做一个有益于社会、有益于国家的人。一滴水融入大海才不会枯竭，青少年只有在为祖国繁荣、民族振兴的发展历程中奋斗，自身的价值才有所体现。不管是动画角色的理想还是个人的理想，都需要有坚强的信念、艰苦奋斗的精神。

2. 消极影响

（1）影响道德价值观。以英雄型动画为例，这类动画中的角色通常个性鲜明，英雄人物人格高尚，而反面人物人人痛恨。好人与坏人一直处于争斗之中，势不两立，但最终都是好人战胜了坏人，从而实现人类的道德理想。然而，在现实中没有绝对的是与非、善与恶。这样的对立对于正在成长的儿童会形成思维定式。动画中的英雄形象"德"的标准过于高大，歪曲了真实丰满的人性特点，忽略了人类存在的缺点。英雄是伟大的，但也应该是平凡的。儿童时期是大脑思维结构发展的关键期，如果过分地接受一种狭隘的观念、思想，形成一种固定的思维模式，会对道德价值观的形成产生误导。

（2）容易形成暴力文化。动画暴力会错误地引导儿童对暴力行为的认识和看法，甚至很难将动画中表达的情景与真实世界的情景清晰准确地区分开来。儿童会从动画片中学习什么是好人和坏人，什么该做与不该做，什么是对或是错。但是动画中传输的思维是我应该去怎么做，而不是社会准则和法律依据，片面强调了宣泄个人的情感和崇尚英雄主义，而不考虑该行为出现的后果。如果把这种想法带入日常生活中，儿童会认为好人实施暴力行为和动画中一样也是不需要受到惩罚的，这些认知会阻碍儿童的人格和道德品质的发展，以至于造成儿童的盲目模仿，恶性循环。也会对儿童未来的学习生活、社会交往、亲情友谊等带来不好的影响。

四、对动画发展的思考和建议

（一）思考

通过本次社会调查的统计与数据分析可知：在孩童时期观看动画对当代青年的影响是非常大的。所以如何去观看动画片，观看哪种动画片，观看多长时间，都是我们要讨论的问题。对于孩子们来说，如果引导好的话，无疑优秀动画会给孩子们今后的发展打上一个良好而又坚固的基础，对日后的心理和价值取向的发展方向也会有非常大的帮助。

此外，国内市场盗版泛滥，要严格打击盗版，动画创作者才会有更多的热情与信心投入。粗制滥造的作品不仅影响孩子们的身心健康，对动画产业的发展也是很大的挑战。对于动画的弊端，我认为也可以采取相关的措施进行改善或避免。

1. 关于国产动画的暴力问题

2005年，《喜羊羊与灰太狼》开始播放，深受90后、00后孩子们的喜爱，在大电影方面也取得辉煌的成就。可是，在2013年4月6日，3个孩子玩游戏时模仿《喜羊羊与灰太狼》中灰太狼烤羊的剧情，致使2个孩子严重烧伤，家长将制作方告上法庭。出于人道主义，制作方原创动力公司捐助85万元，被媒体报道为赔偿85万元，这件事又迅速引发社会舆论。从此该动画走向衰弱，如今已无当日的影响力。还有当年火遍大江南北的《虹猫蓝兔七侠传》因被家长举报，声称有大量血腥、暴力场面，加上不良网友推波助澜，导致该剧口碑下滑，慢慢淡出人们视线。由图4可以看出，将近80%的同学认为动画本身就具有夸张性，不应该一味责怪动画，要理性看待"引导暴力"等问题。

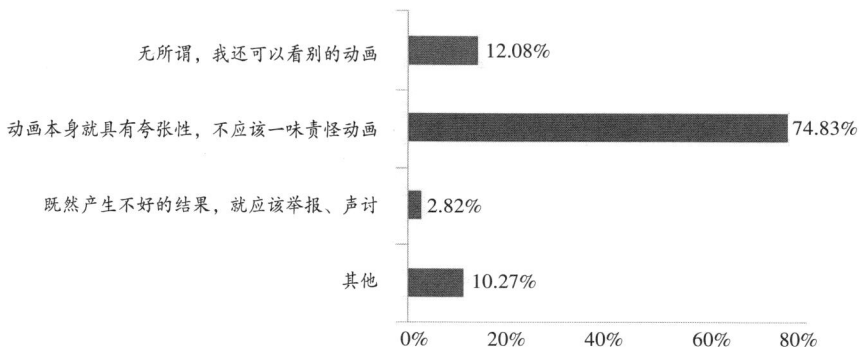

图 4 对这两起事件的看法

2. 关于国产动画的低龄化问题

在普遍观念里，形容国产动画，一直有"低龄化"这个词语。难道完全像人们所认为的那样吗？部分动画的确如此，如《大耳朵图图》，第一季和第五季已是完全不一样的画风，同样的0—3岁的观看年龄，到了第五季几乎成了早教片，确实有向低龄化发展趋势。但并不说明所有国产动画都如此。2017年登陆日本的《狐妖小红娘》， 2019年获得了国际动画节提名的《白蛇·缘起》，这些是受众范围比较广的作品。从最开始在自己国家播放到走出国门，从之前的不被看好到有所改变，从原来的受众群体为儿童到包含了更广年龄层，国产动画正以一种新方式走进观众的视野，内容上也更加丰富多彩。我们在有些方面确实存在不足之处，应正视这些短板，但万万不可失掉自信。

（二）建议

1. 对家长的建议

（1）父母应当陪同孩子一起观看动画。这样在有些情节不当和孩子不理解时，父母可以给予合理解释。也可以借这个机会同孩子探讨一下动画里的角色，给孩子正确的引导。

（2）关于观看的时间，我们认为动画可以在作业后，或做劳动后的奖励时观看。

（3）可以将看动画与学习相联系。让孩子对自己的人生观和价值取向有一个大致的方向。

（4）关注孩子的身心发展，避免模仿动画里面的一些不当行为和危险动作所带来的不良影响。

2. 对观众的建议

（1）对动画作品有自己的看法和体会，不要随波逐流、盲目跟风地赞美或批评。

（2）客观看待国产动画的优点与不足，保持积极、乐观的心态，万万不可失掉自信。

3. 对动画制作方的建议

（1）有效分析受众策略，也可以对动画发展市场进行有效细分，更好地把握动画发展市场，加强对动画的分级制度，促进动画产业链形成，以实现更好的发展。

（2）制作动画时，应重视把握当下社会环境，从实际情况出发，拓宽动画受众人群年龄段，使动画片发展市场变得更加宽广。这样一来，国产动画在未来能够获取更多的支持，实现更好的发展。

4. 对国家的建议

规范动画市场，例如规范化与标准化，最重要的是打击盗版——它不仅是对发行方的保护，更是对整个行业的保护。

校园热点

关于大学生心理健康的调查

刘璐嘉　黄诺洁　刘紫怡　符开萍

引　言

　　由于近些年社会生活节奏的不断加快以及就业压力越来越大，当代大学生所面对的学业、情感以及就业压力都明显增大，致使一系列大学生由心理问题引起的事件爆发，引发了全社会的强烈关注。因此，大学生的心理健康问题已然成了一种不容忽视的社会问题，这直接影响着大学生的生命安全以及学校乃至社会的安定。我们的调研围绕着大学生的心理健康这一社会热点话题，通过网络调查、实地调查、查阅大量资料等方法，对身边的大学生们开展了一系列关于心理问题的调查研究。

一、调查目的与意义

　　在大学校园中，我们总是可以看到大学生遇到一些这样那样的问题，如学习目标的确定、人际关系的交往和学业竞争的压力，都要独自面对和处理。存在这些问题的大学生，或多或少会给他们带来一定心理和思想上的压力，造成如紧张、焦灼、惊怖、孤单、烦闷的情绪，这或许会给他们带来一定的心理问题。而心理问题的出现将直接影响着同学们的校园生活。随着社会的快速发展，大学生们学习和生活压力也越来越大。对此，本小组对我院2020级学生的心理现状进行了详细调查，并对一些有具体问题的学生进行了问卷调查。我们秉持在哪里发现了问题就在哪里去思考和研究它们的原则，以期为大学生心理健康教育提供一些参考和建议。

　　作者刘璐嘉、黄诺洁、刘紫怡、符开萍，均为海口经济学院南海美术学院2020级环境设计4班学生；指导教师曹隽，为海口经济学院马克思主义学院教师。

二、调查内容与结论

（一）调查内容

通过实地走访的形式进行问卷调查。

1. 您认为大学阶段与高中阶段在各方面的氛围相差大吗

（1）特别大；（2）很大；（3）差不多；（4）无差别。

分析：48%的学生认为有很大的区别，主要体现在学习和生活上。大学学习时间相对自主，老师并不总是像高中老师一样会要求你去学习；大学阶段大部分学生都住在学校，许多同学表示，他们一开始并不习惯这种生活。12%的学生认为无论是学习还是生活的环境都有特别大的不同。40%的学生认为是差不多的。虽然与高中相比，大学是一个新的学习和生活环境，但他们表示，自己可以很快适应这样的生活。在调查问卷中没有人认为大学和高中的氛围是一样的。（图1）

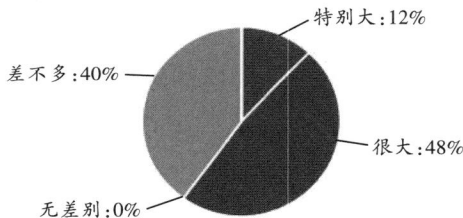

图1　大学与高中各方面的氛围差别

2. 您对目前的大学生活适应状况如何

（1）很好；（2）还可以；（3）较差。

分析：根据调查，25%的学生还没有适应大学生活，15%的学生认为自己很好地适应了大学生活，60%的学生觉得大学生活过得还可以（图2）。这说明大多数学生都有良好的生活态度，能够解决自己生活中的困难。还没有适应大学生活的学生是我们最应该注意的，他们在处理生活中的事情时不是很得心应手，或许承受了太多的压力，会想得更多，所以他们需要更多的帮助和鼓励。

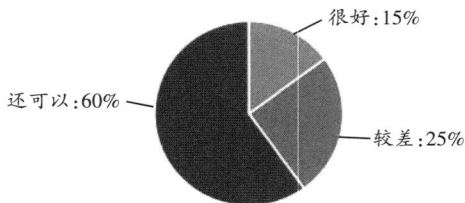

图2　是否适应目前的大学生活

3. 您认为压力在您的学习与生活中有怎样的影响

（1）正面影响；（2）没影响；（3）有些影响；（4）负面影响。

分析：58%的学生认为是正面影响，压力对他们的学习是一种动力，这说明这些同学面临压力会选择勇敢面对，将压力转化为动力。32%的学生认为这对他们的生活有点影响，但并不严重，这说明他们也是可以找到一些有效的办法来应对压力的。10%的学生认为是一种负面影响，会严重影响他们的学习，这意味着他们的心理承压能力不是很好，可能需要别人的帮助，自己也应该努力去改变。（图3）

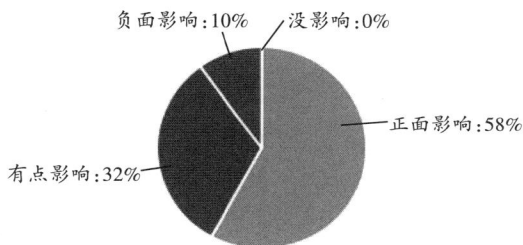

图3　压力对自己的学习与生活有什么影响

（二）结论

通过调查，我们得到下列结论：

1. 在人际交往方面

我们发现有的学生较为自卑内向，常常认为自己不如别人，不敢大声说话，不敢表达自己的看法和感受。例如，部分同学认为自己在与他人交流却得不到他人的理解和认可时会很没面子，因而不再愿意与他人交流，害怕与陌生人说话，害怕与异性接触。有的学生在与其他同学相处时较为自大，喜欢指责批评别人，具体表现为喜欢在他人面前表现自己，想要得到他人的关注，不在乎他人感受，并且经常埋怨他人，把问题归咎在他人身上，害怕别人不接受自己的观点。久而久之，也会造成一定的心理问题。

2. 在恋爱感情方面

多数大学生在处理感情问题时不知所措，常常感到困惑。大学生已处于心理及生理的成熟阶段，对爱情充满好奇，开始期待爱情之旅，但部分学生由于经验不足，常常因为感情问题而难过，情绪波动较大，内心十分痛苦，甚至影响自己的日常生活，有着很大的压抑感，郁郁寡欢。

3. 在学习生活方面

我们发现，绝大多数同学在学习生活方面最大的问题是学习目标模糊不清、没有制定自己的学业规划、学习动力严重不足、缺乏激情和热情，每天的生活轨迹便是寝室—食堂—寝室。如此一来，也会有部分学生出现心理问题。

4. 在心理情绪方面

许多同学在进入大学后，一时无法接受从高中到大学的转变，常表现在心理困惑及异常心理。在大学生群体中，最容易出现的心理问题如下：

其一，抑郁症。症状表现为情绪沮丧，对什么都不感兴趣，疲惫或丧失精力，思维能力下降，体重或食欲改变，失眠或睡眠过度；严重的会有轻生或伤害自己的行为。

其二，焦虑症。其症状表现为焦虑不安，对即将到来的事情感到害怕，不愿去面对，挫败感和罪恶感涌上心头，不愿以现实有效的方法和积极的态度去面对困境，总是回避选择，把困难归咎他人和命运，影响自己正常的生活学习。

三、如何正确面对心理问题

根据调查问卷得知，造成大学生心理健康问题的原因各种各样，在人际交往、恋爱感情、学习生活、心理情绪等方面都有所体现。我们应如何解决大学生的心理健康问题呢？现就其中几点给出建议。

（一）人际交往方面

拥有良好的人际交往能力是一名大学生成长的重要能力。有的同学自我适应能力较强，能够进行自我调整，寻找自身不足，弥补缺点，通过各种方法去提升自己的能力，不断完善自我；有的同学缺乏主动意识，由于性格或家庭环境的影响，自己没有过多的社交经验，往往回避他人，有口难言。所以，对于有"社交恐惧症"的这些同学而言，他们缺乏与他人社交的技巧，缺乏与他人交流的经验。

面对上述困难，我们可以尝试主动与他人交流，哪怕是一两句话；进行一定程度的自我暗示，不要觉得自己有"社交恐惧症"，将自己框在这个模式中。我们也可以尝试自己从未尝试过的东西，比如用心准备一场演讲、参加学院举办的各种活动、主动参加志愿者服务；勇于向父母、朋友诉说自己的不愉快，或者令自己开心的事情。我们还可以多参加文体活动、运动会或写日记，这不仅可以提升自己的语言组织能力，也可以缓解内心的压力。

当代大学生应当通过人际交往，交流思想感情，认识和感知世界，通过交流发现和改正自己的不足，从而达到自己的人生目标。社会性是人的本质属性，在大学生活中应提升自己的社交能力。大学是当代青年从学生时代走向社会人士的重要基点。如何与他人和睦相处、建立良好的人际关系是当代大学生面临的一个重要话题,不可避免。因此,我们要以良好的心态正视它,勇于与它正面交锋。好的人际交往能力和沟通能力不是与生俱来的,而是在社会实践中逐步形成的,大学生应该在实践中提升自己的人际交往能力。

（二）恋爱感情方面

爱情是人性的一种本能,是每个人生命不可或缺的一部分。感情问题大多是因为双方沟通出现了问题。男生和女生的思维有很大的不同,男生在爱情中渴望得到理解,女生在爱情中需要足够的安全感和陪伴,需要关心和呵护;女生喜欢试探,而男生往往沉默寡言,所以很难做到站在对方的角度考虑问题。通常,大学生遇到的感情问题有以下几个方面:

其一,无法区分爱情与其他感情。有一些同学在谈恋爱时不能区分好感和爱情、友谊和爱情。他们将好感误认为是爱情,盲目而又冲动地恋爱,或者觉得身边的室友、朋友谈恋爱了,希望自己也能早点找到男、女朋友,受他人影响盲目地与一个不怎么了解的人恋爱,结果往往是不乐观的。

其二,失恋。面对失恋,如何应对自己的消极情绪?应该适当地宣泄自己的情绪,待情绪好转时将自己的注意力转移到其他事情上,去正视现实。冷静下来后,好好分析这段感情带给了自己什么、教会了自己什么,以及思考在下一段感情中如何去做。失恋并不一定是一件坏事,它也可以带给我们成长。失恋给了我们去学习的机会,应当把握好机会,发现自己的缺点和不足,改正它并提升自己,终将遇见那个适合自己的人。

（三）心理情绪方面

情绪是人对客观事物的主观反映,是对待不同事物所表现出的不同情感。情感对人的身心健康有着巨大的影响。良好的情绪会提高人的积极性、激发人的潜能,对身心健康有着积极的作用。反之,消极的情绪会引发疾病,干扰大脑工作,影响身心健康,使人不能正常发挥自己原有的能力和才干。一个人的情绪不仅会影响自身,同样会影响他人。找到自己问题的根源,循序渐进地进行自我调整,速度可以慢,但每次都要进步一点点。只有找到了真正的原因,寻找适合自己的方法,对症下药,才能解决问题,取得一个满意的结果。正视自己的不足,接纳自己的不完美。活在当下,每个人都是独立的个体,在社会生活中都起着重要的作用。

四、调查总结

当代大学生正处在生理与心理发展的特殊时期，加上社会环境的快速发展，相当容易出现心理问题。近年来，由于大学生心理健康问题而引起的一系列影响恶劣的事件，大学生心理健康问题成为社会、学校关注的重点问题。本文通过对大学生心理健康问题的分析，提出了一些个人的观点和看法。除此之外，我们还可以开设更多与大学生心理健康教育相关的课程，开展多种锻炼大学生心理素质的活动，以此来优化大学生的心理素质。提升当代大学生的心理健康水平是一个需要长期奋斗的工作，这需要创新思维方式、不断完善管理系统、老师教学方法的不断改进、扩展大学生社会活动的范围以及推广大学生心理健康知识等。促进大学生心理健康发展需要家庭、学校、社会和学生本人的协同合作，互相配合才能做到促成大学生心理健康的有效发展。

通过本次暑期社会调查，我们认识到了大学生心理健康问题的危害，认识到了自身能力的不足。我们也学习到了许多新的与心理健康相关的知识，积累了不少的实践经验，并且对自己的心理健康有了一定了解和客观评价。暑期社会实践活动对我们大学生来说是一种很好的历练，增长了见识，培养了能力，拓展了自己的视野，从而为未来更好地走向社会做好了铺垫。在这次的暑期社会实践中，小组成员之间互相交流、督促、学习，在思想的碰撞中，获得了新的思维方式，学会了从另一个角度看问题，学到了许多在课本上学习不到的知识点。通过此次暑期社会实践，提升了我们团队合作能力，也丰富了我们暑期社会生活，使我们成长了不少，意义深远。身为21世纪的青年，我们风华正茂，青春正好，要树立正确的价值观，要有健康的心理与身体，要有远大的理想和目标。强国有我，请祖国放心！

关于高校大学生网络贷的调查

聂铮铮　张　敏　刘乐乐　刘瑞麟　康佳宝　赵远承

引　言

近年来，部分大学生深陷网络贷陷阱的新闻层出不穷，各类大小网络贷平台应运而生，越来越多触目惊心的网络贷套路被曝光，大学生网络贷屡屡引发争议，成为公众关注的热门话题。大学生是否应该使用网络贷？为何选择网络贷？是否足够了解正确的网络贷？如何更好地自我保护？众多的问题引发人们的关注和思考。

为了更加深入地了解网络贷，了解大学生被网络贷频频吸引的原因，以及怎样防止大学生陷入网络贷，我们团队利用此次暑期社会实践活动的机会，进行了关于大学生对网络贷的认知情况的调查。

一、调查设计

（一）调查对象

随机抽取我校90个大学生进行问卷调查。

（二）调查方法

本次调查主要采用自制调查问卷《关于大学生对网络贷的认知情况》进行，问卷设置了15个问题。

（三）调查时间

本次调查时间为2021年7月1日至2021年7月30日。

（四）问卷回收

本次调查实际发放问卷90份，回收有效问卷54份，有效回收率60%。

作者聂铮铮、张敏、刘乐乐、刘瑞麟、康佳宝、赵远承，均为海口经济学院时代旅航管理学院2020级表演（空中乘务方向）本科2班学生；指导教师何海霞，为海口经济学院马克思主义学院教师。

（五）数据处理

根据问卷回收情况，对问卷信息数据进行整理，在有效回收问卷54份的基础上，汇总数据信息，形成调查报告的基础数据。

二、调查情况

在校大学生是一个庞大的消费群体，我国在校大学生总数超过了4000万，大学生群体被网络贷机构视为重要目标客户群体之一。部分互联网小额贷款机构通过和科技公司合作，以大学校园为业务范围，通过虚假性、诱导性的宣传，发放互联网消费贷款，诱导大学生在互联网购物平台上过度、超前消费，导致部分大学生陷入高额贷款陷阱，产生严重的校园危害和恶劣的社会影响。校园网络贷事件频频发生，引发社会的关注，同时也引发大学生自身的思考。

（一）关于大学生对网络贷的认识

1. 什么是校园贷、网络贷

校园贷，又称校园网络贷，是指一些网络贷款平台面向在校大学生开展的贷款业务。据调查，校园消费贷款平台风控措施差别较大，个别平台存在学生身份被冒用的风险。此外，部分为学生提供现金借款的平台难以控制借款流向，可能导致缺乏自制力的学生过度消费。

网络信贷即网络贷款，正在成为一种消费趋势，借助互联网的优势，可以足不出户地完成贷款申请的各项步骤，包括了解各类贷款的申请条件、准备申请材料，一直到递交贷款申请。

网络信贷具有B2C和P2P两种模式。

B2C中的B一般指银行，有些网站也提供贷款公司的产品。一般的网络B2C贷款都依托网络贷款平台完成贷前工作，根据规则不同，有些还需要申请人去银行线下办理。B2C模式受地域限制，因为其业务主体都是有地域限制的机构，覆盖面还有待拓展。

P2P大多生存于互联网、移动端，而移动互联网最直接的优点则是便捷、高效、不受地域限制等，由此看来，这种不受地域限制的闪电借款模式更为大家看好和周知，未来中国移动互联网消费金融发展空间巨大。

2. 网络贷的各种骗局

其一，开设网站，打着专业公司的旗号进行网络贷款。这类网站往往打着"贷款公司""投资咨询公司"的名义，有时网站上还会出现"全国各地均有代办处"的字样，目的就是包装自身进而骗取中小企业主和个人的信任。但是仔细观察这类网站，就会发现他们一般不留座机联系方式和地址，只有手机或者QQ，即使留有地址也禁不起细查。

其二，"无抵押、无担保""当天放贷"的形式。在许多的网络贷款骗局中，往往会出现"无抵押、无担保""当天放贷"等极具诱惑性的标语。这些标语极其精准地切中了广大急需资金的企业主及个人的要害。一般来说，项目方在寻求正规贷款途径而遭拒的原因往往是没有良好的抵押资产或担保，在这类骗局中，中小企业主和个人很容易上钩。

其三，假扮正规机构，隐蔽放贷。有一些骗子公司高度仿照知名贷款机构网站，具有极大的欺骗性。这些冒牌网站的页面往往和正规贷款机构网站相似，其域名和正规贷款机构网站只差一两个字。因此，广大项目方和个人在查询时需更加细心。

其四，网络转账骗局。在网络转账骗局中，行骗者会声称款项需要中间账户中转，然后让中小企业主和个人在一个伪造的银行网站或者动过手脚的网站上输入银行账号及密码，以骗取中小企业主和个人账号内的资金。

（二）校园贷进入大学生生活的方式及原因

调查显示，大学生接触网络贷的途径是多种多样的，主要的途径有网络宣传、校园小广告、同学介绍接触校园网络贷款，如图1所示，其占比分别为63.81%、51.43%、43.81%，剩下7.62%和14.29%是因个人需求主动了解和通过其他方式了解或接触网络贷的。

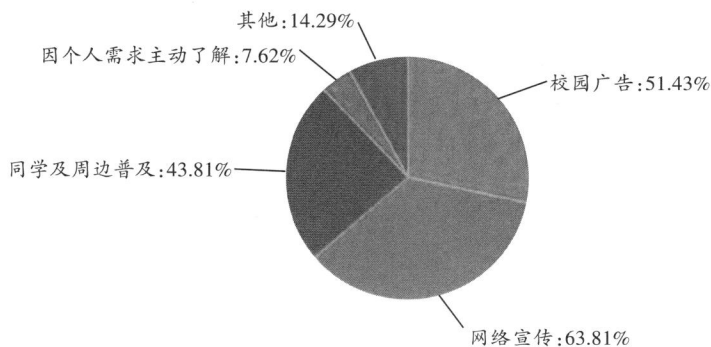

图1　大学生接触校园网络贷的途径（多选）

那么，为什么会有学生愿意接触网络贷呢？究其原因主要有以下几方面。

1. 大学生缺乏成熟的价值观念

社会经济的迅速发展，极大地改变了大学生的消费观念，超前消费、超高消费成为一些大学生的基本消费状态。由于一些大学生缺乏成熟的价值观，再加上不法分子刺激利用大学生群体对小额贷款的需求，部分大学生出现了不合理的消费观。一味追求奢侈品是大学生校园网络贷款的主要消费内容，而这并非大学生应有的消费观。可见，不当的价值观是引发不合理的贷款方式的主要原因。

2. 大学生对校园贷欠缺防范意识

过去，学校虽然非常重视学生专业知识的教育与专业技能的培训，但是相对缺乏对学生网络安全和金融常识的教育。在当前社会经济迅速发展的环境下，社会物质资源日益丰富，为学生创造了丰富的消费市场。作为社会中的特殊群体，大学生接受新事物能力比较强，消费观念也紧跟时代，但是他们掌握的金融知识与实际的消费方式极不对称，同时，对于无处不在的网络贷没有防范意识。因此，为了有效防止校园网络贷行为，学校要加强对学生金融知识的教育，帮助学生树立良好的消费观念和理财观念。

3. 对校园贷的监管存在漏洞

从法律监管的角度而言，校园贷监管力度和监管方式的有效性不足。与正规金融机构贷款相比，校园贷的真实性、可靠性低，不具有严格的监管机制，在校大学生在校园贷业务中处于弱势地位，一旦贷款出现问题，贷款者很难寻得有效解决途径。校园贷往往需要贷款者与借贷者进行协商，如通过微信聊天、电话联系的方式，政府很难对此进行监管。此外，校园贷存在使用暴力、曝光抵押裸照、死亡威胁等催贷行为，这些都极易触犯刑法底线，而受害人却羞于或怯于将这些行为进行曝光，使其难以进入政府监管视野。

另外，在高校监管方面，大多数高校没有尽到应尽的正向引导和警示提醒义务。相当比例的在校大学生缺乏金融常识，法律意识和风险防范意识薄弱，高校不仅要教育学生认清非法"校园贷"，养成正确的消费观，增强他们的法律意识和风险防范意识，更要引导学生在遭遇校园贷陷阱时敢于向老师、家人求助，勇于拿起法律的武器维护自己的合法权益。然而实际上，高校较少进行相关防范引导，较难及时得知学生上当受骗的信息，也就无法及时采取有效措施，在校园贷的监管方面存在较大缺陷。

（三）校园贷的弊端

校园贷，作为网络贷款平台面向在校大学生开展的贷款业务，在各种各样形式的掩护下，越来越具有隐蔽性。

校园贷虽然有申请便利、手续简单、放款迅速等优点，但也存在信息审核不严、高利率、高违约金等弊端，学生在不断膨胀的消费欲望和侥幸心理之下可能陷入"连环贷"的陷阱，亟待加强监管。随着学生网络贷平台的增多，仅靠降低贷款利率和提高贷款额度博眼球，只会使越来越多的学生借款人掉入分期陷阱，抹黑自己的个人信誉，所以，总体而言校园贷存在的弊远远大于利。

不法分子将目标对准高校，利用高校学生社会认知能力较差、防范心理弱的劣势，进行短期、小额的贷款活动，从表面上看这种借贷是薄利多销，但实际上不法分子获得的利率是银行的20—30倍，肆意赚取了学生的钱。校园贷的危害主要表现在以下4个方面。

1. 利息额度高

目前网络贷平台多数产品的年度借款利率在15%以上，所谓的"低利息"并不可信。高出本金的利息是商家盈利的出发点，表面看来0.99%的月利率相当低廉，实则是商家的营销把戏，学生容易上当受骗，最终承担高额贷款利息的负担。

2. 连累同学和家人

在贷款程序便捷的外表下，只需要一张身份证就可以申请贷款，有的同学碍于人情关系等原因，用身份证替别人办贷款。这种行为风险很高，因为一旦对方无力还款，剩余的债务就由"被"办理人独自承担，这使得贷款风险具有连带性，无力偿还贷款时，在经济利益和法律责任方面危害他人。

3. 一旦贷款逾期，"全方位"催款手段恶劣

在各种通报的案例中，我们常常看到一旦有学生贷款不能及时偿还，网络贷平台并不会通过正当途径追款，而是采用给父母、亲友、老师、同学群发短信，在校园里贴大字报，甚至安排人员上门堵截等威胁恐吓的手段向学生催款逼债，这样的催款手段极其恶劣，常常给当事人及其亲友带来极大的心理和精神伤害。

4. 易诱发其他犯罪

有的在校大学生盲目攀比，给网络贷提供了生存之机。很多同学的贷款用

到了请客吃饭、购买高档消费品等消费领域，在无力偿还贷款时，容易破罐子破摔，拆东墙补西墙，向其他贷款平台以贷还贷甚至走向犯罪。

三、对于此次调查结果的思考和建议

（一）思考

大部分在校学生的生活费来源单一，主要来源于父母，同时也有部分同学通过兼职或者自主创业来获得生活费或零花钱。这就决定了我们学生除了必要的生活开支外，不能过度或任意消费。大学生是一个特殊的群体，除了父母的经济支持，其他的经济来源非常有限。当部分学生价值观出现问题时，容易沾染网络贷，这也是网络贷款在学生群体中愈演愈烈的主要原因。

（二）建议

1. 社会层面

（1）加强大学生互联网消费贷款业务监督管理。要求小额贷款公司不得将大学生设定为互联网消费贷款的目标客户群体，不得针对大学生群体精准营销，不得向大学生发放互联网消费贷款。明确提出各银行业金融机构在风险可控的前提下，可开发针对性、差异化的互联网消费信贷产品，但要严格限制同一借款人贷款余额和大学生互联网消费贷款总业务规模，严格贷前资质审核，落实大学生第二还款来源。要求各地方金融监督管理部门和各银保监局要在前期网络贷机构校园贷整治工作的基础上，将小额贷款公司、消费金融公司等各类放贷机构纳入整治范畴，进一步加强大学生互联网消费贷款业务的监督检查力度。

（2）加强对大学生的教育、引导和帮扶力度。要求各高校大力开展金融知识普及教育，强化金融知识宣传教育，切实提高学生金融安全防范意识；不断完善帮扶救助工作机制，切实保障家庭经济困难学生学费、住宿费和基本生活费等保障性需求，解决学生的临时性、紧急性资金需求；全面引导在校大学生树立科学、理性、健康的消费观；建立日常监督机制，密切关注学生的异常消费行为，努力做到早防范、早教育、早发现、早处置。

（3）强化网络舆情监测。要求各地网信部门要做好规范大学生互联网消费贷款监督管理政策网上解读和舆论引导工作。对于利用大学生互联网消费贷款恶意炒作、造谣生事的行为，指导相关单位主动发声、澄清真相，共同营造良好舆论环境。

（4）加大违法犯罪问题查处力度。要求各地公安机关严厉打击针对大学生群体以套路贷、高利贷等方式实施的犯罪活动，加大对非法拘禁、绑架、暴力催收等违法犯罪活动的打击力度，依法打击侵犯公民个人信息的违法犯罪活动。

（5）坚决落实国家出台的相关法律法规，进一步明确校园贷风险防范工作的方向。随着国家相关法律法规的出台，教育部将继续会同有关部门，疏堵结合、加强救助、强化管理，进而维护好学生的权益和校园的稳定。重点开展两大方面的工作。一是加强教育、注重效果。督促指导各高校结合新生入学教育、日常思政教育、安全知识竞赛、金融知识进校园等工作，大力开展金融知识普及，全面引导学生树立正确的消费观念。二是强化宣传、警钟长鸣。针对不良校园贷经常改头换面危害学生特别是新生的问题，应建立常态化宣传教育机制，在开学季等关键时期定期发出预警提示，提醒广大学生和家长警惕相关套路。

2. 学生层面

（1）树立正确的消费观念

俗话说："有多少钱办多少事。""有多大的肚子吃多少的饭。"学生要根据自己的实际情况适度消费，拒绝过度的、超出个人能力的、不合理的消费。不要盲目攀比，要学会调节个人心理。如果真的想买，请先赚钱后花钱，勿贷款消费。对于想通过校园贷获得现金进行投资的同学，其实可以好好算算：面对校园贷的高额利息，有哪个投资收益可以超过它呢？

（2）避免使用网络借贷工具。在线支付让人缺乏花钱的实感和界限感，各种购物网站自带的贷款工具，更容易让人陷入贷款的循环，可能很多人的确差一点钱，又急需某些东西，于是就开始了"打白条"，尝到了"打白条"的方便后导致打的"白条"越来越多，最后连这些正规网站的"白条"利息都还不起。

（3）保持警惕心，尽量避免与贷款方接触。在《南方都市报》的新闻中，有业内人士曝光："部分民间金融公司向校园发展业务时采取了拉人头的方式，靠学生之间互相介绍，通过给予提成或者减免利息的方式，让高利贷在校园蔓延。"部分学生虚荣心强，自控力不足，自我保护意识又太弱，违规贷款机构抓住了学生容易控制的特点，将非法的贷款形式推向校园。

（4）树立正确的消费观、价值观。很多学生上大学后都有独立、自立自强的想法，有的是奢侈消费后怕父母批评自己乱花钱，有的是正当消费，但不想跟父母要钱怕增加父母负担，进而走向了网络贷款的道路。大学生想独立自主是好事，但毕竟没什么固定的收入，只要我们的消费是合情合理的，自己的日常花销靠父母提供无可厚非。

调研小组呼吁：大学生要树立正确的价值观、消费观，远离消费贷、校园贷。

关于大学生金钱观的调查

田美慧　魏佳杰　孙芸婷　桑作文　王东浦

引　言

货币的出现极大地促进了商品经济的发展，它可以用来购买任何自己喜欢的商品。随着商品经济的不断发展，纸币产生了，这更加方便了人们的交易。在当今社会，随着市场经济的建立，人们赋予了金钱更多的含义，它可以满足人的大部分欲望，慢慢地，在很多人眼里，金钱成了衡量一个人社会地位的象征，也就有了"有钱能使鬼推磨"这样一句话，有了"金钱是万能的"这一观念。但是金钱并不是万能的，它可以购买自己喜欢的商品，却买不来亲情等情感。因此，我们要树立正确的金钱观，不做金钱的奴隶，要坚守做人的底线。

为了帮助大学生树立正确的金钱观，我们开展了本次调查，来了解当代大学生金钱观的基本情况。

一、调查设计

（一）调查对象

随机抽取50个微信或QQ好友，进行网上问卷调查。

（二）调查方法

本次调查主要采用自编的问卷《关于大学生金钱观的调查》进行，问卷设置了6个单选题、3个多选题、6个打分题和1个开放式问答题。

（三）调查时间

本次调查时间为2021年8月1日至2021年8月7日。

作者田美慧、魏佳杰、孙芸婷、桑作文、王东浦，均为海口经济学院华都影视学院2020级视觉传达设计2班学生；指导教师贾伟杰，为海口经济学院马克思主义学院教师。

（四）问卷回收

本次调查实际发放问卷50份，回收有效问卷40份，有效回收率80%。

（五）数据处理

根据回收数据，通过问卷网自动生成统计表。

二、调查结果与分析

（一）关于大学生的金钱观

1. 关于大学生的家庭情况

本次调查结果显示，家庭里只有一个子女的同学约占22%，大部分同学的家庭都有兄弟姐妹；生活在二三线及以上城市的同学也比较少，仅占19%，大部分同学来自农村和乡镇，其中46%的同学来自农村。由于成长环境的不同，导致了他们在消费心理、消费状态和消费情况上的差异。多数来自农村、乡镇或家庭情况不太好的大学生，在校期间生活比较拮据，需要依靠学校发放的助学金和勤工俭学等方式才能满足日常花销并顺利完成学业，所以在金钱观上和家庭条件好的大学生相比，会有很大的不同。家庭条件好的，或生活在二三线及以上城市的大学生，在花费上一般会比较大手大脚，花费更自由，且花费在玩乐以及奢侈品上的都比较多。综上所述，家庭条件的差异，会直接导致消费观的差异。

2. 关于大学生生活费的来源及支出

调查显示，每个月的生活费在800—1200元的大学生占51%，8%的大学生生活费在500元以下，22%的大学生生活费在1500元以上。生活费的差别直接反映了大学生不同的消费心理，以及能否理性消费等问题。在生活费的支出上，有43%的大学生认为生活费刚好够花，有25%左右的大学生认为生活费有一点剩余的情况，还有5%的大学生认为生活费有很多剩余。这种情况也是因为大家消费观的不同。综上所述，大学生高消费群体比重并不高，总体消费水平还是合理的，且相对集中在800—1200元这个区间，消费水平两极化趋势并不明显。

（二）关于大学生的金钱支出

在关于大学生生活费支出的调查中发现，95%的学生的生活费主要花费在饮食方面。由此得知大学生的消费还是比较合理、务实的，并未漫无目的乱消费。当然，也有51%的大学生在娱乐上面有所消费。随着时代的发展，我们总能发现更多的消费空间，现如今的社会，什么都趋于多样化，在消费上也不例外。在支出上，大家也有多元化的倾向。由于大学生消费观的差异性，对于市面上流行的东西也总有人去追寻和攀比。在本次调查中，我们针对生活费剩余的用处进行了调查。调查显示，在剩余的生活费中，用于投资理财的只占8%；用于娱乐消遣和储蓄保留的同学占比较高，各占32%和37%。可见大学生对于理财的观念还是比较弱的，有的人甚至没有这个意识。随着时代的发展和经济的快速增长，奢侈品越来越多，人们追求的东西也会变得不一样。消费心理也会随着时代的变迁而变化。因此，我们要注重大学生金钱观和消费观的发展变化，培养科学的金钱观和消费观。

（三）大学生对金钱的态度

金钱是生活中的必需品，钱可以衡量大部分物品的价值，离开了钱我们将没有办法进行商品交换，金钱和我们的衣、食、住、行息息相关。在学校，尤其是在课堂上和老师面前，学习好的学生地位当然高一点，人总是喜欢跟优秀的人在一起，他们在学习和生活上都是自己的榜样。但是进入了大学后，除了学习专业知识之外，还要学习如何为人处事以及和别人沟通交流。此外，为了拓展自己的人脉，为将来走向社会打下坚实的基础，我们可能需要认识更多的朋友。结识朋友的方式有很多，比如找志同道合的人一起学习、打球。也有通过花钱请客吃饭的方式认识朋友的，但这绝对不是最重要的方式，况且我们大学生没有固定的收入来源，因此，大学生拓展人脉的方式绝对不是通过花钱消费。

在学校里，体现学生地位的主要因素是什么呢？调查问卷设置了4个选项，分别是：A.富裕者拥有金钱而尊崇，寒微者以"身无分文"而自卑；B.金钱并不能体现一个人的身份和地位；C金钱是身份的象征之一，但并不是唯一标准；D.不清楚。选择A的占总反馈人数的13.51%，选择B的占35.14%，选择C的占37.84%，选择D的占13.51%。总体而言，大部分人选择B和C，选C的比选B的多2.7%。

（四）大学生对理财知识的了解

大学生需要树立科学的理财观，平时可以通过去学校图书馆查阅一些书籍或观看理财视频等方式，来了解和学习一些投资理财知识，进而养成一个良好的理财习惯。如果是刚入学的大一新生，我们可以提前做一下自己在大学生活中的理财规划。就我们问卷调查的情况来看，大多数同学还是对理财有一定的打算的，平时也是从网络上和老师的点拨中来认识理财的。刚入学的同学经济来源大多是父母，但随着年龄的增长，许多同学责任心会越来越强，向家里要钱的次数也越来越少。这时，他们大多会选择兼职或者投资理财。这样做一方面是为了增加自己的收入，另一方面也可以增加自己的社会经验。大学本身就是一个小型的社会，它教会了我们如何处理好身边的事。投资和理财意识从我们成年开始就应该慢慢培养，因为成年的我们离走向社会不远了。作为成年人的大学生应该有正确的金钱消费观，在生活中我们不能盲目攀比；在大学生活中还是要以学习主，能不能赚钱是次要的。如果自己有条件的话，可以把一部分钱投到市场中去，因为书上的都是别人的经验，真理都是出自实践。在实践中感悟，才能更好地促进理财能力的提升。如何制定长期而详细的理财目标，如何科学合理地配置自己的资产，都需要我们通过更深入的学习来慢慢解决。只要在日常生活中不断积累理财的知识并加以实践，最终一定可以从中获得益处。

（五）大学生对金钱的看法

通过本次调查得知，大多数学生觉得生活中的名牌可有可无，说明绝大多数大学生的消费是理性的，不会盲目跟风买奢侈品，有着正确的消费观。在"您觉得金钱和以下哪些关键词联系最紧密"这题中，有62.16%的人认为金钱和自由有关，说明每个人都在向往一个美好的生活，觉得在这个社会当中，钱是通往自由的桥梁。

上面的调查当中也指出了，大学生刚进大学还没有社会经验，像是初生的牛犊，憧憬着美好的大学生活，却很难想到在生活和学习上都会有着挑战。面对这些挑战，有人觉得物质利益才是最重要的，对金钱的力量盲目地崇拜甚至沉迷。在当今社会，金钱作为财富的象征，在生活中发挥着重要的作用，学生受社会风气的影响，大部分都对金钱在生活和物质上带来的优越条件看得比较重，只有少数人对金钱没有太多的追求。对金钱的追逐本身没有错，但我们一定要树立正确和科学的金钱观。通过调查得知，94%的学生的金钱来自父母的给予，50%的学生通过兼职获得一定收入，有少数人通过理财获得一定的财富。虽然金钱大多来自父母，但是调查显示接近90%的人愿意通过劳动的方式获得金钱，大部分人还是有正确、科学的金钱观念的。

（六）影响大学生金钱观的因素

随着生活水平的不断提高，学生们的零用钱也越来越多，虽然没有稳定的金钱来源，对金钱的认知不太完善，但是有些学生会有强烈的消费欲望，导致学生攀比和对金钱不合理使用的现象屡见不鲜。当下贷款软件在不断开发升级，这些软件只需要少许操作，就可以获得几百到上千不等的额度。当然这种贷款服务的初衷是解决一些信用良好用户的燃眉之急，但也有由于学生的不理性消费导致无法偿还贷款的情况，让他们苦不堪言。通过调查得知，42%的人曾有过盲目从众的消费心理，37%的人没有过以上的消费心理。周边的环境对自己金钱观的影响还是比较大的，例如父母和同学朋友。受到父母亲戚影响的占81%，受到同学朋友影响的占56%。来自网络的影响也较大。当今互联网快速发展，在网络世界里影响自己消费的比例占到了32%，可见生活的环境以及接触的人能更多地影响我们对金钱的看法。

三、对此次调查的思考与建议

（一）思考

（1）物质对于大学生真的有那么重要吗？

（2）如何看待大学生对物质的看法？

（二）建议

（1）对物质的追求是人的一个本能，这本身没什么错，但对物质不能盲目追求，而要根据自己的家庭情况来定。大学生除了追求物质财富外，也应该追求精神财富，两者缺一不可。

（2）在力所能及的范围之内追求物质财富，不能盲目攀比，适合自己的才是最好的。对于物质财富，每个人都有不一样的看法，不能把自己的想法强加于别人身上。每一个大学生的情况都不一样，在对待金钱和消费的态度上理应有很大的差别，所以这不是一个可以拿来做比较的一件事情。大学生要通过正当的途径和手段来获得金钱。为了帮助大学生树立正确的消费观和金钱观，我们认为可以让当代的大学生自己去体验挣钱的不容易，通过假期或课余打工的方式感受这一点，这样才会不乱花钱，才能学会节约用钱，把钱用到有意义的地方。

关于大学生消费结构变化的调查

肖天浩　辛明航　徐子涵　刘晋琪　邹红梅

引　言

大学生是当今社会一个特殊群体，也是一个特殊的消费群体。随着市场经济的发展和社会生活环境的改善，大学生的消费呈现多元化趋势，彰显出了全新特点，消费观念和结构发生了巨大的变化，这反映出当代大学生的生活态度和价值取向，已成为社会热议的一个话题。

一、调查设计

（一）调查对象

随机选择海口经济学院的学生，其中2020级117人，2019级13人，2018级9人，2017级5人，共144人。

（二）调查方法

本次调查主要采用自编的调查问卷《大学生消费结构变化调查》进行，问卷包括12道题目，其中封闭式问题10个、开放式问题2个。

（三）调查时间

本次调查时间为2021年7月1日至2021年8月31日。

（四）问卷回收

本次调查发放问卷144份，回收有效问卷144份，有效回收率100%。

（五）数据处理

采用Excel软件进行统计分析处理。

作者肖天浩、辛明航、徐子涵、刘晋琪、邹红梅，均为海口经济学院南海电影学院2020级摄影（影视摄影）2班学生；指导教师燕军，为海口经济学院马克思主义学院教师。

二、调查结果及分析

（一）大学生消费结构

通过海口经济学院学生月生活消费水平和月消费结构的调查问卷所得数据得知，当代大学生具备较强的消费能力和消费动机，大学生生活费的主要来源是家庭，大学生消费是家庭消费的重要支出之一。近年来，大学生伙食费、日常生活消费、科技消费和其他消费日趋增加。

1. 大学生消费结构呈现多元化

无论是海南本地还是外省来的大学生，基本消费都由伙食费、学习费、交际娱乐费构成，但用于日常饮食的费用较多，用于购买学习资料的费用较少（如图1至图2），原因是大学生消费观中存在失衡与虚荣的消费，这种消费已明显偏离学生正常消费轨迹。此外，部分大学生盲目追求物质享受，享乐主义在大学生中滋生蔓延，而精神消费相对滞后，重娱乐性，轻发展性。

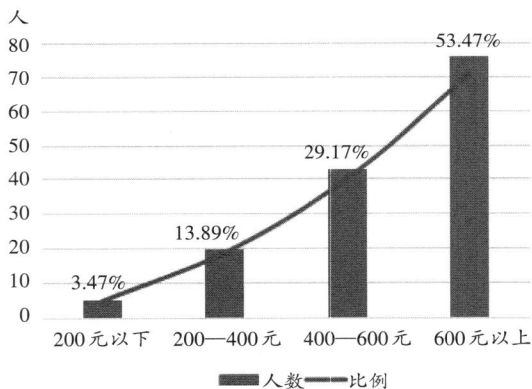

图1　大学生每月伙食费

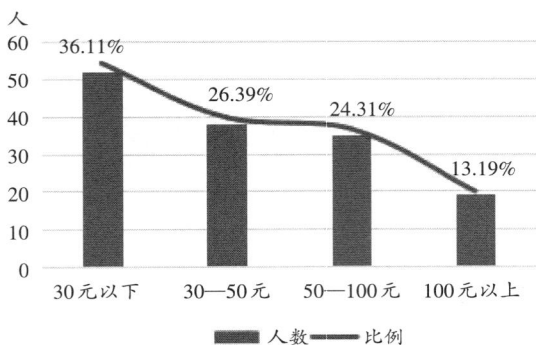

图2　大学生平均每月用于购买学习资料的花费

2. 部分大学生盲目追求物质享受，忽视精神价值

部分大学生非常注重物质生活给自己带来的舒适富足感，用富裕的物质生活来充实美化自己的形象。在受访者中，把钱花在上网、电话费、购买日常用品、购买衣物上的分别占15%、20%、29%、24%，而花在购买学习资料上的只有12%，少之又少（图3）。

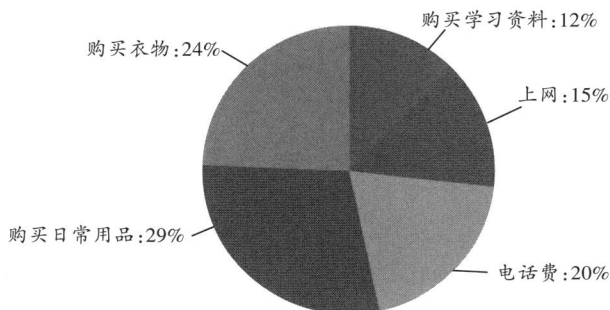

图3　大学生其他主要花费

3. 合理理财和存钱意识较薄弱

当代大学生日常的消费基本上是家长直接提供，缺乏基本的理财意识。例如：没有支出记账的习惯，也没有合理规划生活费用途的能力，不能形成科学成熟的消费观。随着各种消费趋势的涌现，许多大学生都缺乏理性的消费观念，生活花销处于随意状态，毫无计划可言。根据调查，从来没有记账习惯的占34.72%，每月生活费没有结余的约占25.01%，生活费不够消费的占9.72%（图4至图5）。

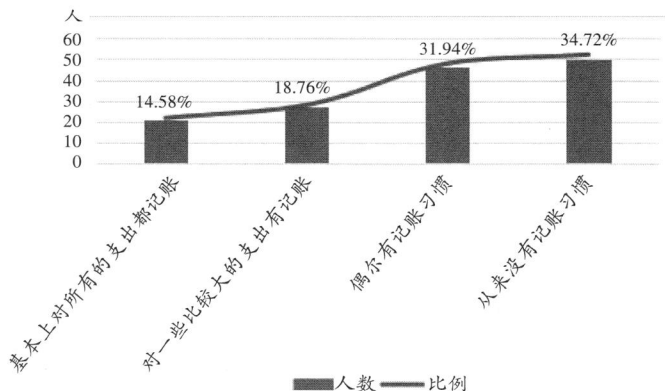

图4　大学生对支出是否有记账

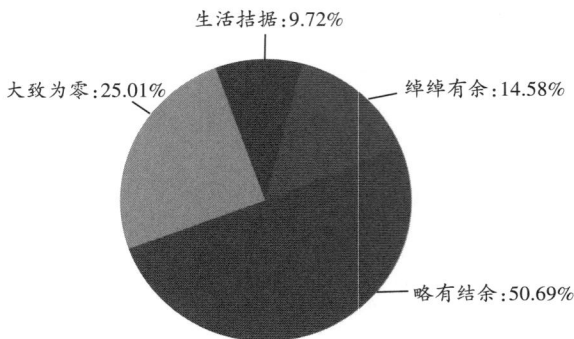

图5　大学生每月生活费结余情况

4. 独立意识差，依赖性强

无论是本地还是外地的大学生，生活费的主要来源是家庭提供，虽然有56.94%的大学生会选择做兼职，但其主要目的是增长社会经验，有43.06%的大学生不确定或不会选择去做兼职，但大部分能够意识到父母赚钱艰辛，所以消费行为较为理性（图6）。此外，通过调研得知，在受访者中，有54.17%的大学生希望每月生活费是在1000元以上（图7）。显然，这部分同学经济独立意识较为淡薄，消费不够理性。

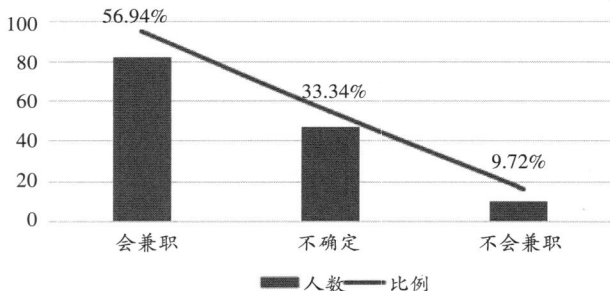

图6　大学生生活费紧张是否会选择做兼职

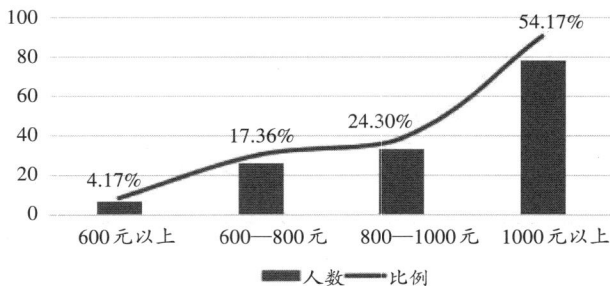

图7　大学生所希望每月生活费

（二）大学生消费理念

1. 理性消费仍占主导地位

通过调查了解到，由于没有自主的经济来源，大部分大学生在花钱时还是比较谨慎的，力求选择物美价廉的商品。海口经济学院周边的市场里，商品琳琅满目，都是大学生能消费得起的日用品和食品，大学生也愿意去逛逛这些摊位，购买自己所需的商品，大部分大学生在消费时还是能够做到精打细算。

2. 消费结构多元化

当代大学生的消费不再只是满足基本的生活与学习的需要，其他支出，如手机费用、上网费用、人情交际费、电子产品消费、恋爱费用、考试考证费、化妆品及服饰费，已经成了他们生活中不可缺少的一部分，且所占比例逐年增加，这说明了当代大学生在消费结构方面呈现多元化的趋势。

3. 消费的差异性显著

调查结果表明，大学生消费水平存在巨大的差异。这种差异性主要表现在家庭收入的差异和男女性别的差异上。家庭条件好的大学生关于奢侈品的消费会多一些，家庭条件差的则主要消费在基本生活用品上。男生在人情交际费、电子产品消费、恋爱费用等方面消费高些，而女生则在化妆品及服饰费等方面的消费高些。另外，在学习方面的消费也存在差异性，有些人热衷于各类培训，在学习方面消费高。

4. 攀比现象渐增

受到外部广告和明星代言的影响，一些大学生对于电子产品、箱包、服饰等都追求品牌，手机频繁更换，个别同学不管家庭经济条件是否允许，盲目追求潮流。这种现象的出现主要是受虚荣心和攀比心理的影响。

5. 人际交往消费比重逐渐增大

校园是一个小社会，学生普遍重视人际交往投资，而且名目繁多，如生日送礼、包厢唱歌、聚会、同学来访、请客、恋爱消费。他们在交往过程中常常本着"来而不往非礼也"的交往规则，消费逐年增加。

6. 储蓄观念淡薄

生活经验的缺乏和理财教育的缺失导致许多刚刚过上独立生活的大学生缺乏理财意识，没有储蓄的概念。大部分学生是上半月"过年"，下半月节俭，有些学生甚至还要向同学借钱度日，到月底时还略有余钱的学生也想着如何把它花完。"花明天的钱，圆今天的梦"的观念被大学生认同并逐渐普及，只有极少数学生具有储蓄意识。

三、大学生消费存在的问题

（一）消费两极分化

在月平均消费一栏的调查中，有4.86%的同学在600元以下"有点痛苦"的生活线上坚持学业；有18.06%的同学在600—800元这个区间"勉强过得去"；有22.92%的同学在800—900元这个区间"稍微有点爽"，有54.16%的同学月消费1000元以上，可以说是"跟着感觉走"，无忧无虑。不难看出，有些同学仅可以解决温饱，而有些同学则是顿顿大鱼大肉，铺张浪费。可见，大学生的消费差距在增大，两极分化也比较明显，这在当前我国社会转型的大背景下有一定的必然性。我们相信，随着社会的发展和人民生活水平的进一步提高，这些问题必将在一定程度上得到改善。

（二）诚信意识淡薄

随着我国经济的快速发展，人们的生活水平逐渐提高，消费水平也日益提升，一些学生逐渐淡忘了"艰苦奋斗，勤俭节约"的思想。在海口经济学院，盲目追求物质生活的观念被越来越多的人所接受，这部分大学生的诚信意识逐渐缺乏。申请并获得助学贷款的学生信用意识淡薄，毕业之后迟迟没有还款。还有些大学生借助各种平台借钱，甚至有到期无力偿还或直接不还了的情况。

（三）理财观念缺乏

许多大学生进入大学后首次可以较为自由地支配自己的日常花销，往往表现为不会理财，花明天的钱，做今天的事。他们花起钱来如流水一般，无限度、无计划，有时一个月就会花掉一学期的生活费，不能根据自己的实际情况合理安排费用，到学期结束时，存在消费严重超额的问题。钱都用到哪里去了，连自己也不清楚，缺乏储蓄意识。

（四）人情交际费用居高不下

如今，大学生的每月人情交际消费所占比重不小，各种形式的聚会成为在校大学生消费的一个重点。在海口经济学院的多数大学生中，请客消费名目繁多，逢年过节、老乡聚会、过生日、得了奖学金等都要请客吃上一顿或者请大家出去娱乐消费，否则被视为"不够交情"。这种请客吃饭逐渐形成循环，这次你请，下次我请，最终成为学生无奈但又必不可少的消费项目。另外，学生之间互相赠送礼品的消费也逐渐成为学生消费的"大头"。许多学生之间过生日、节日、纪念日已经不满足一张卡片、一封短信的简单形式，礼物越送越贵重，动辄成百上千元的礼物在学生中有很大的市场。

四、大学生消费状况原因分析

（一）家庭熏陶

著名的教育家迈尔斯说过："世界上没有什么事比教育子女更复杂更艰巨的了。"一方面，在目前"以高考为主"的应试教育体制下，许多父母将课本知识教育视为家庭教育的全部，其余一切被当成冲刺高考的干扰因素，理财观、消费观在家庭教育中的缺失非常严重，使学生在走进大学校园后成为不成熟的消费个体，在面对各种诱惑时很难有正确的判断力，结果走进消费误区。

另一方面，大学生的主要消费来自父母的给予，对生活条件较好的家庭来说，孩子需要什么，在父母有能力的情况下大多数会满足孩子的愿望，有时候也不问是否真正需要，是否和学习有关。这就要求父母，要注重培养孩子正确的消费观，不能纵容孩子养成不良的消费习惯。

（二）社会影响

20世纪初期，西方消费主义起源于美国，它是随着美国社会经济发展而在美国社会中形成的一种消费至上、贪图享乐主义的文化思潮。法国社会学家波德里亚曾在《消费社会》这本书中提道："消费主义指的是这样一种生活方式或消费的目的，不是为了实际需要的满足，而是在不断追求被制造出来、被刺激起来的欲望的满足。"换句话说，人们消费的不是商品和服务的使用价值，而更多的是它们的意义。随着我国居民经济收入的快速增长，同时受西方消费主义思潮影响，我国传统消费观念受到了强烈冲击，以极端享乐、摆阔、炫富为特征的不科学消费观日益滋生。高校大学生刚开始独立的生活，世界观、人生观和价值观各方面尚未成熟，在面对这种注重消费的享乐主义思潮时容易产生不科学的消费心理和消费行为。

（三）学校风气

从高等学校长远发展的角度来看，推广理财教育是势在必行的。所谓理财教育就是能够让人们学会如何设立理财目标、认识个人收入基础、制订详尽的能达到目标的理财计划、应用理财计划、调整理财计划、评价理财目标和理财过程的一系列环节。当前高校思想政治教育中对大学生消费观教育不足，与消费观紧密相关的人生观、金钱观等专题教育在思想道德与法制课中没有充分开展。同时，高校对学生"财商"的培养不够重视，大学生理财观念的缺失，在一定程度上导致大学生消费道德观念淡薄化。

五、对问题的应对策略

（一）引导大学生树立科学的消费观和金钱观

从传统社会商品使用价值消费到现代社会的符号消费，是一场深层次的消费文化转变，给人们日常生活带来了重大影响。在此背景下，应引导大学生树立正确的消费观念。消费观是指对消费的基本观点和态度，是对消费内容和消费方式等诸多因素的一种价值判断的态度，是建立在世界观和价值观之上的。家庭教育对大学生金钱观的形成至关重要，少数大学生认为金钱是衡量人生价值的尺度。家长应让学生认识到金钱不是衡量人生价值的尺度，只是实现人生价值的手段。家庭教育对孩子的影响非常大，家长的言传身教对子女金钱观的形成起着关键的作用。对于多数家庭来说，学生上学是家庭开支较重的一部分，父母都想让子女过上更好的生活，但同时也应该让子女了解父母赚钱的不易，努力培养孩子正确的消费观和金钱观。

（二）学校应加强对学生消费观念的培养，形成良好的消费风气

其一，教育学生树立艰苦奋斗、勤俭节约的意识，树立科学、正确的价值观和人生观，进而树立正确的消费观。引导他们在进行个人消费时，坚持"合理适度"的原则，使个人消费标准与家庭情况相适应。因此，学校思政教育工作者要及时纠正学生不合理的消费现象，引导学生根据自身家庭情况合理消费、科学消费。其二，加强校园文化建设。大学生消费具有群体从众心理和行为特征，高校校风体现的正是学生的群体心理和行为特征。高校思想政治教育一个非常重要的内容就是应加强对超前消费的风险意识教育，形成良好的校园消费氛围。学校应把注重塑造和强化学生良好的消费意识和消费行为、培养学生良好的消费习惯，作为校园文化建设的一项主要内容。因此，高校应把大学生良好消费心理和行为的培养作为校园文化建设的重要组成部分，在校园文化建设中设计有关大学生健康消费理念的活动专题。塑造节约型的校园理念，利用校

园环境影响大学生理性健康的消费习惯的养成，形成良好的生活作风，向社会输出具有健康理性消费习惯的社会成员。

（三）大学生自身要树立理财观念

大学生应注重培养自身独立理财的能力，需要懂得如何在激烈的社会竞争中生存。这就需要我们在以下方面努力：其一，在思想政治理论公共课和理财选修课中有意识地重点学习和理财相关的知识点，掌握基本的理财专业知识。其二，可以利用课余时间、寒暑假的机会走出校园，走向社会，通过自己的亲身实践去感受赚钱的不易和理财的重要性。书本上的知识只是理论，而自己的切身体会对我们的触动最深。对此，我们要敢于实践，敢于尝试。

关于抖音等自媒体对大学生价值观影响的调查

王一鑫　韩雪青　张　璞　赵晨怡

引　言

随着时代的发展，人们似乎越来越没有时间从一篇较长的文章中去获取有用的信息，而抖音等自媒体的出现满足了人们当前获取有用信息的需求。在这些自媒体平台，人们不仅可以从中快速地获取信息，还可以将其作为闲暇时的消遣。但此类短视频平台也并非有利无弊。现在越来越多的大学生沉迷其中，浪费大量时间来观看视频或制作视频博取关注。除此之外，其内容也是泥沙俱下，真真假假，难以辨别。为此，我们进行了关于抖音等自媒体对大学生价值观影响的调查，具体分析如下。

一、调查设计

（一）调查对象

暑期社会实践调查小组成员负责此次调查，每人随机从微信抽取20个大学生网友，共计80个大学生，进行网上专项问卷调查。

（二）调查方法

以自编的问卷《关于抖音等自媒体软件对大学生价值观影响的调查》进行，共设置了15个单选题和3个多选题。

（三）调查时间

本次调查时间为2020年7月26日至2020年8月20日。

作者王一鑫、韩雪青、 张璞、赵晨怡，均为海口经济学院财务会计学院2019级财务管理本科2班学生；指导教师陈玉书，为海口经济学院马克思主义学院教师。

（四）问卷回收

本次调查实际发放问卷80份，回收有效问卷69份，有效回收率86.25%。

（五）数据处理

根据回收数据自动生成统计表，并由人工登记。

二、调查结果与分析

（一）网络短视频抖音App（应用程序）的调查与分析

1. 关于抖音App的使用情况

随着时代的发展，人们的生活渐渐特色化、多元化、科技化，大家都在用手机、电脑等电子设备办公、学习、娱乐。2016年9月26日，抖音App上线。这是一个聚焦年轻人的15秒音乐视频社区，它见证了短视频的蓬勃发展。该应用程序允许用户选择歌曲，拍摄15秒的音乐视频和创作自己的作品。它的口号是"记录美好生活"。它的用户以年轻人为主，主要年龄在29岁以下，且女性用户远远多于男性用户。根据此次调查结果，喜欢使用抖音的约占87%；每天刷抖音时长超过2小时的约占20%，超过1小时的约占30%；喜欢观看搞笑段子的约占77%，喜欢看美食旅游的约占67%，喜欢明星娱乐的约占59%，喜欢化妆技巧、时尚穿搭的均约占56%，喜欢新闻时事的约占49%，喜欢励志感人故事、生活妙招的均约占44%（图1）。对于一天不刷抖音的情况，有约56%的人感觉无所谓，约38%的人感到有一点不适，约6%的人感觉特别难受。关于观看抖音的原因，有约82%的人用于无聊时打发时间，约46%的人是缓解生活压力，约41%的人用于学习生活小技巧，约31%的人是用来记录美好生活（图2）。

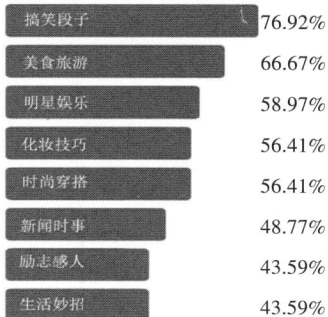

图1　抖音用户喜爱类型（多选）

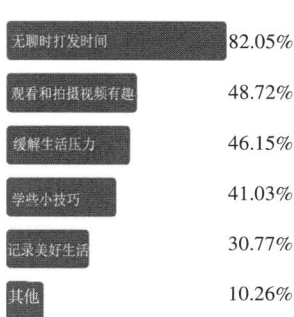

图2　观看抖音的原因（多选）

2. 关于网络短视频

2016年以来，秒拍、快手等短视频平台加速发展，短视频已然成为移动互联网时代信息传播的新标志。基于移动互联网的快速发展，短视频已经成为人们生活中不可缺少的一部分。越来越多的人通过看短视频来消磨闲暇时间。短视频产品如疾风暴雨一般，闯入人们的生活之中，各大平台也在不断创新、完善。短视频创作门槛低，内容多样化，是老少皆宜的娱乐活动，看到有趣的视频还可以进行分享。根据调查，对于短视频分享频率，偶尔分享的约占49%，经常分享的约占23%，从不分享的约占20%，总是分享的约占8%（图3）。看到有用的知识可以保存下来学习，看到传播正能量的内容还可以点赞。

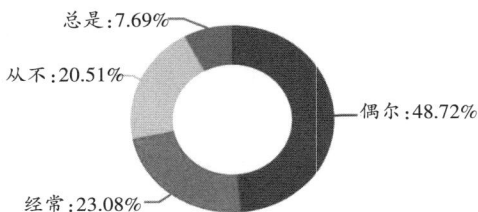

图3　是否分享短视频

（二）抖音App成为热门平台的原因

1. 观看抖音的原因

此次调查的对象是当代大学生，大学生业余时间相对充裕，大家对抖音App褒贬不一，有的人一天不刷浑身难受，有的人则感觉无所谓。抖音这类短视频平台一个视频时间短，在半个小时之内可能刷几十个视频，且视频内容丰富新颖，能够观看到自己感兴趣的内容，是消磨时间的好办法。此外，抖音还可以影响人们的购物选择、日常穿搭、旅游攻略、美食教程、学习生活小妙招、化妆技巧等，例如，抖音里的学习主播录制自己的学习视频、学习方法，推荐好看有用的书，还有教我们怎样进行时间管理，从而更加高效地学习。

2. 抖音App的发展路径

截至2019年7月，抖音日均直播用户达3.2亿，用户达11亿。在上线初期，团队致力于探索主流目标用户的特点，根据核心功能不断打磨产品，将全部精力投入产品本身中，这为后期用户的爆发式增长奠定了基础。因为只有产品好了，用户才愿意留下来、愿意传播，如果产品太粗糙，即使用户数量暂时增加了，最终也会流失。

在初期的打磨之后，抖音用户的数量激增，主要归功于业务推广、用户积累和抖音市场的建立上。从抖音的迭代历史可以看出，团队继续尽其所能提高产品性能，创造一个更酷炫的视频玩法和更流畅的用户体验。例如，增加了三维水印效果，增加了三维贴纸和酷炫的道具，不断提高美感和滤镜效果，让用户呈现出更完美的作品；创建抖音小故事、音乐画笔、染发效果和360度全景视频，并添加更有趣的游戏玩法，如AR（增强现实）摄像头，让用户可以创作出更有趣的作品。与此同时，抖音加大了运营力度，在综艺节目上投入巨资，并策划了各种营销活动。

此外，抖音创新举措不断，掀起了一股热潮。在大力推广产品、扩大知名度的同时，抖音也不忘不断优化产品功能，提升用户体验，加大产品差异化竞争。在这一阶段，抖音完成了产品的口碑传播，实现了用户的积累。

（三）关于抖音等自媒体对大学生价值观的影响

潜移默化的影响往往是巨大的，尤其是在抖音等自媒体上发布小视频已蔚然成风，男女老少中都有一部分人被抖音等自媒体影响着，其中，影响最大的还是大学生这类群体。大学阶段是学生价值观形成的关键时期，现将基于调查得来的数据，对抖音等自媒体对大学生生活方面和主观思想方面的影响做出如下分析。

1. 对大学生生活方面的影响

数据表明，在抖音等自媒体对大学生生活方面的影响中，购物选择占比58.97%，日常穿搭占比53.85%，旅游攻略占比53.85%，美食教程占比51.28%，生活妙招占比43.59%，化妆技巧占比43.59%，没有影响占比15.38%，其中占比最高的便是购物选择。从数据中也可以看到，抖音等自媒体对大学生而言从不影响其购买欲望的仅占10.77%，从侧面反映了大学生对于抖音等自媒体上的广告推广很容易受到影响。此外，抖音等自媒体也已然成为年轻人网上流量的聚集地，抖音等自媒体的受众大部分是95后以及00后，而很多品牌的购买方的定位就是年轻群体。因此，越来越多的广告推广占据了抖音等自媒体，直播带货、广告植入等层出不穷。而大学生这类具有一定购买能力、很容易受影响并产生购买欲望的群体，便成了重点推广对象，进而达到商家的目的。最初，这类推广视频的出现只是为了更好地服务于消费者，而发展到现在，已经不再是简单的服务于消费者了。网络上的商品鱼龙混杂，而主播的推荐也并不一定出于对消费者的负责，所以，对于大学生来说，擦亮眼睛、不冲动消费至关重要。

2. 对大学生主观思想方面的影响

我们在调查中发现，对于抖音等自媒体中出现的社会热点现象，有超过70%的大学生或多或少会受到发布作者观点的影响，只有26%的大学生表示不为所动。此外，调查表明，在受访的大学生中，只有33%表明并未在抖音等自媒体中接触到任何不良、低俗或者不符合社会主流价值观的内容。抖音等自媒体鱼龙混杂，虽说支持各方各抒己见，但其中不乏三观不正之人发表一些无耻言论或不正视频，这对于一些三观还没完全形成的大学生来说是个潜在隐患。当然，抖音等自媒体也有很多弘扬真善美的视频值得我们去赞扬与学习，但网络上的事件真真假假、虚虚实实，对于大学生来说，学会去辨别真假，学会不被"牵着鼻子走"，学会去正确看待事物的两面性，才是重中之重。

三、思考与建议

随着网络技术的发展，抖音等自媒体的出现贴合了社会的发展和人们的生活需求，短视频的传播将是大势所趋，不可逆转。针对抖音等自媒体对大学生价值观的影响，积极健康的应该得到发扬，消极低俗的也应该得到遏制，对此，我们提出以下建议：

（一）对于自媒体平台而言

（1）优化自身审核机制。抖音等自媒体平台应有一个完整的体系来打击低俗内容以及不当言论的传播。首先，加强用户审核培训，使得用户发表视频前充分了解相关规则。其次，定期抽检视频，审核其中是否有不当言论及不良内容。最后，对于含低俗内容或不符合社会主义核心价值观的视频应予以严肃处理，对于多次违规的账号也应该予以封号处理。

（2）设立举报奖励机制。对于自媒体平台的漏网之鱼，或者平台监管机制还未完全检测到的一些不当视频或者不当言论，应该鼓励用户看到后及时举报，而不是漠不关心，听之任之。对此，自媒体平台可以适当设立一些奖惩机制，比如，每举报成功一个视频或一条评论，可以获得平台奖励的金币，而当金币集满到一定数量的时候，还可以兑换小礼品，或得到一个荣誉称谓。当然，对于一些随心所欲举报、根本不是抱着净化平台愿望的人，也需要采取一些惩治措施，进而避免让那些追求积极健康生活方式、用短视频记录美好瞬间的用户产生不良的感受。

（二）对于用户而言

（1）不发布任何违规、低俗视频。比如，抖音本来就是一款为用户打造的记录美好生活的音乐短视频平台，许多人都通过该平台变得小有名气，从而获取了更多的快乐。然而，现在的抖音早已不是单纯地记录美好生活了，越来越多的形形色色的段子开始出现，越来越多的为了迎合大众口味而制作的视频开始流行，其中不乏抱着不纯的目的在网上散布不实的谣言，或者随心所欲地诋毁他人的内容。除此之外，抖音等自媒体平台上侵权、盗取、涉黄等各种违法违规行为屡禁不止。对于我们来说，我们无法知道他人的想法，也无法管住他人的行为，但是，我们可以约束自己，不去发布和观看一些传播不正之风的视频，进而净化这些短视频平台。

（2）自觉举报不当的视频。净化网络人人有责，只有这样才能为我们所使用的短视频平台打造一个理性成熟的网络环境。这些地方并不仅仅是用户展示言论自由的平台，更是培养人们高雅生活情趣的平台。越来越多的人开始使用抖音等App，也就意味着会有更多的人受到影响。低级庸俗的短视频不仅浪费了人们的闲暇时间，更不利于大学生形成正确的道德观和价值观。因此，对于一些违法违规的视频及不当言论，我们应该及时举报，而不是听之任之。

关于抖音等自媒体对年轻人副业发展
作用的调查
——以武汉市为例

王紫轩　　张睿琪　　张家瑜　　蒙晓婕　　戴　依

引　言

随着网络时代的到来，抖音等自媒体 App 对年轻人的副业发展产生了巨大影响。因这些平台强大的社交传播性，以及近些年经济形势的影响，许多年轻人纷纷摩拳擦掌，借助抖音等自媒体发展副业，提升职业灵活性。他们利用这些平台来发表视频，用以承接商家广告，售卖个人作品，发展与爱好相关的副业等。然而，抖音等自媒体对副业发展的影响有利有弊，年轻人该如何合理规避风险，利用自媒体平台的优势促进个人副业的发展呢？

为了使大家更好地了解抖音等自媒体对年轻人副业发展的影响，我们小组进行了关于抖音等自媒体对年轻人副业发展作用的调查。

一、调查设计

（一）调查对象

随机在武汉市内抽取200位年轻人（年龄段为20到35岁，其中50位为高校大学生）进行问卷调查。

（二）调查方法

本次调查主要采用自编的问卷《关于抖音等自媒体对年轻人副业发展作用的调查》进行，问卷中共设置了14个问题（其中设置6个单选题、2个多选题、6个问答题），在武汉市内部分繁华区进行了现场调查。

作者王紫轩、张睿琪、张家瑜、蒙晓婕、戴依，均为海口经济学院雅和人居工程学院2019级建筑类4班学生；指导教师燕军，为海口经济学院马克思主义学院教师。

（三）调查时间

本次调查时间为2020年7月31日至2020年8月31日。

（四）问卷回收

本次调查实际发放问卷200份，回收有效问卷196份，有效回收率98%。

（五）数据处理

由问卷系统自动生成统计表，由组长王紫轩做好统计（扇形图、柱状图等统计图表）并撰写调查报告。

二、调查结果与分析

（一）使用抖音等自媒体的抽样人数分析

1. 抽样人数分析

根据抽样样表，我们小组共抽取了200位处于20—35岁的年轻人士，其中男士占65.5%，女士占34.5%；大学生占25%。其中，使用抖音等自媒体的高达184人，占比92%。

表1　使用抖音等自媒体的人数占比分析

单位：人

年轻人群体性质/ 是否使用抖音等自媒体	使用（或使用过）	未使用（或未曾使用过）
大学生	48	2
除大学生外的年轻人	136	14

2. 抽样人数男女比例

抽样人数男女比例约为2：1，具体使用抖音等自媒体的情况如图1所示。

通过图1可以得知，在年轻群体中，男性朋友使用抖音等自媒体发展副业比重更高，在抖音等自媒体上的活跃程度高于女性。

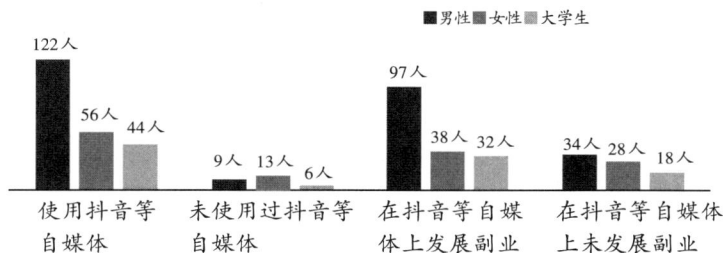

图1　关于抽样样本中抖音等自媒体使用情况

据近年来使用抖音等自媒体的大数据来看，年轻群体每日使用抖音的活跃时长平均达到76分钟，在抖音等自媒体发展副业的年轻朋友日均使用时长达到220分钟。由此可见，抖音等自媒体不仅在年轻群体中愈来愈受欢迎，而且已成为发展副业的重要平台，对年轻人副业的发展非常重要。

（二）年轻人使用抖音等自媒体发展副业的调查

关于年轻人发展副业想法的调查结果如图2所示。

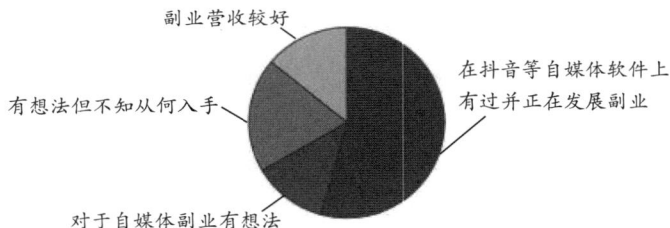

图2　关于抖音等自媒体对年轻人副业发展影响程度调查

在年轻人群体中，借助抖音等自媒体发展副业或曾有过相关经历的，占总人数的54%左右。许多年轻人正在充分利用抖音等自媒体大力发展个人副业，年轻人副业发展很大程度上依赖于抖音等自媒体的助力。

（三）年轻人借助抖音等自媒体平台发展副业方向的调查

抖音等自媒体是可以达到广泛传播效果的创意类短视频社交App，它们通过精准的大数据向人们推送自己喜欢的短视频。比如，抖音创办的初衷是，传递生活正能量，发现生活中的点滴美好。随着抖音的不断发展，年轻人开始借助抖音发展各种各样的副业，主要形式有：

（1）个人作品类，如以生活志、音乐作品、绘画作品等形式获取收益。

（2）直播带货，做兼职主播等。

（四）关于年轻人花费在抖音等自媒体上发展副业的时间调查

主业是以获得保证自己生活所需的最基本收入为目的的，而副业则是以提高个人收入为目的的，副业可以与生计有关，也可以无关。年轻人在一般的情况下会把收入稳定的职业当成自己的主业，而把收入较不稳定的职业当成自己的副业。在正常情况下，副业的从事时间会比主业的从事时间要短。年轻人花在使用抖音等自媒体进行副业发展的时间如图3所示。

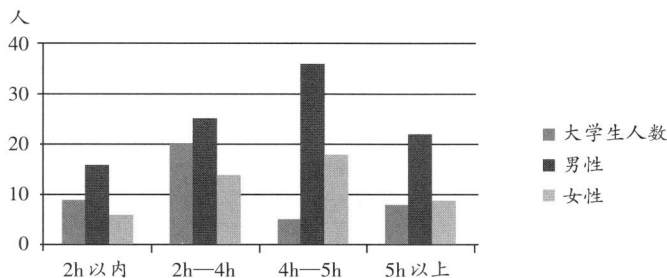

图3 关于年轻人花费在抖音等自媒体上发展副业的时间

例如，抖音App从2016年9月上线到现在，已经成了年轻人生活中不可或缺的重要组成部分，无论是在娱乐方面还是在影响较大的副业发展方面，年轻人在抖音上花费的时间有上升的趋势。

（五）年轻人对副业发展的态度与坚持度调查

经过调查，目前大多数年轻人对副业的发展是充满热情的，随着科技的日益发展，年轻人对通过抖音等自媒体进行副业的发展有着极大的兴趣。越来越多的年轻人在抖音、快手等自媒体App上通过直播、推售商品的方式来推动副业的发展，这种副业发展方式似乎已经成为年轻人新的就业趋势。

在调查过程中，有一位年轻人认为副业是一种自我投资的方式，从不同的角度看世界，提升自我。在发展副业的过程中，可以寻找自己想要的资料，寻找突破机会，让自己的多种能力得到提升，立足于不同的点去看世界，开阔自己的视野。它就像是一个探路石，让我们用空闲时间了解平时没有涉猎的行业，当副业带来的收入从20%变成50%乃至更多时，年轻人的自我评价也在提高。现将调查表格整理如表2。

表2 关于不同性质年轻群体段对副业发展的态度和坚持度调查

年龄阶层	大学生阶段	女性	男性	30—35岁
有副业人数占比	57%	69%	81%	73%
是否热爱副业所相关的行业	喜欢，但还未到热爱程度	是	是	是
您的副业发展时长（若有副业）	2年左右	3—5年	5—7年	8年左右

由表2可见，年轻群体中的大部分人都开始发展副业，对待副业的态度十分积极，并且副业坚持度较高，尤其集中在男性朋友和30—35岁年龄阶层的年

轻朋友中。

（六）副业发展对年轻人的事业价值观的影响

副业的发展会影响年轻人对主业的看法。有人认为有了副业的发展，会导致对主业发展的态度越来越心有余而力不足，最终会影响年轻人的事业价值观，而年轻人的事业价值观恰好是关于副业能否发展得更加长远和稳定的"心脏"——最关键之处。以下是根据调查结果对年轻人事业价值观变化的分析与总结：

（1）审美价值增强。通过副业的发展可以使年轻人不断地追求更完美的事物，提升审美度与思考深度。

（2）解决困难能力提高。通过副业的发展可以使年轻人不断地学习，对新事物进行不断地开发和探索，解决新的问题。

（3）独立自主能力升华。通过自己的兴趣选择副业，能够充分地发挥自己的独立性和主动性。

（4）注重社会交往。年轻人在发展副业的同时，能和各种人交往，建立广泛的社交圈和人际关系。

（5）创新能力提升。在主业和副业的发展中，工作内容的不断变换能培养自身的创新能力，为主副业均带来良好的结果。

三、抖音等自媒体对年轻人副业发展产生的影响

（一）抖音等自媒体对年轻人副业发展的正面影响

由于抖音等自媒体的极低风险、极低成本、较高收益，现在越来越多的年轻人在上面发展副业，更有甚者会将其作为主业发展。如今手机支付已大面积普及，加上以抖音为主的各种自媒体上的短视频内容尤为丰富多样化，更易吸引消费者为其买单，成为副业发展的良好契机。

（1）抖音等自媒体拥有高赖度粉丝群体，传播度广，社交性强，能够为副业引流，对于客源有很好的导向作用。

（2）抖音等自媒体的活跃用户基数大，借助自媒体平台传播出个人的副业信息后可能起到良性传播的作用。

（3）抖音等自媒体拥有许多官方扶持政策，鼓励年轻人发展互联网职业。抖音等自媒体对年轻人的副业发展起到了举足轻重的作用，以抖音为代表的自媒体软件已经渗透到了人们生活的各个方面。在互联网快速发展的时代，自媒

体就像是一座富饶的宝藏，吸引着年轻人。一般来讲，年轻人利用抖音等自媒体平台发展副业可以有以下途径：

其一，利用自媒体平台的补贴。虽然自媒体的第一大浪潮已经快要退去，但是它依旧处在高速发展的红利期，国家仍在鼓励青年人积极进取，鼓励他们在自媒体行业深度挖掘与开发，例如今日头条、百度百科等就有补贴计划，鼓励年轻人发展副业或以此为主业。

其二，利用自媒体广告。人人都言抖音等自媒体是一片信息的汪洋，因此广告的信息量更是最不可少的，比如像微博、抖音这样的自媒体平台，有很多网络红人都接了私企的广告合作，有些虽不是全职做这个的，只是当成一份副业来做，可依旧做得风生水起。这些分发广告的私人企业或单位运用自媒体红人的流量粉丝和公众度来达到产品的宣传目的，类似的广告分成还有微信公众号、百度等。

（二）抖音等自媒体对年轻人副业发展的负面影响

（1）若利用抖音等自媒体不得当，容易产生法律上的纠纷。

（2）年轻人的副业发展极易受到舆论波动的影响而产生不良后果，抖音等自媒体的强大社交性是一把双刃剑，既能助人，也能伤人。

（3）犯罪分子容易利用平台漏洞违法犯罪。

（4）年轻人容易沉迷抖音等自媒体，进而影响到主业的发展。

四、关于利用抖音等自媒体发展副业的建议

抖音等自媒体给年轻人副业发展带来的负面影响不可忽略，但我们更应该学会解决难题，达到趋利避害。以下是我们小组共同对此次调查中所遇问题的建议：

（1）掌握平衡度，使得主副业的天平得以平。

（2）严格遵守法律，不做违法犯罪的事，诚信经营副业。

（3）要想副业达，坚持不可少。

综上所述，抖音等自媒体对年轻人的副业发展产生了意义深远的影响。年轻人应学会了解自媒体的利弊影响，趋利避害，化劣为优，合理规划，在最大程度上降低负面影响，利用抖音等自媒体平台促进副业的良性发展。愿有志向在自媒体行业发展的青年人认真协调好主业时间规划与副业发展之间的关系，取长补短，不断进步。

关于高校大学生禁毒意识的调查

何盛婷　陈　锦　陈雨萌　崔容华　徐英东

引　言

俗话说："珍爱生命，远离毒品。"从鸦片战争时代开始，中国人民一直饱受毒品的侵害。随着新中国的成立，时代的变迁，虽然不断禁毒，但近年来又衍生出更多新型毒品，给人们的生活带来了巨大的伤害，导致许多家庭因毒品而破碎。为了人们美好的生活，我们需要更好地了解毒品，进而提高对毒品的警惕意识。为此，我们进行了此次关于大学生禁毒意识的调查。

一、调查设计

随机抽取100个QQ、微信网友进行网上问卷调查。

（一）调查方式

本次调查主要采用自编的网上问卷《关于高校大学生禁毒意识的调查》进行，问卷设置了11个单选题、8个多选题以及1个开放式问答题。

（二）调查时间

本次调查时间为2020年8月19日至2020年8月20日。

（三）问卷回收

本次调查实际发放问卷100份，回收有效问卷53份，有效回收率53%。

（四）数据处理

利用相关软件自动生成统计表。

作者何盛婷、陈锦、陈雨萌、崔容华、徐英东，均为海口经济学院外语外贸学院2019级英语本科5班学生；指导教师佘林芳，为海口经济学院马克思主义学院教师。

二、调查结果与分析

（一）高校大学生禁毒意识的调查与分析

1. 关于禁毒历史

19世纪中叶，西方殖民主义者向我国输入鸦片以换取大量白银完成资本积累，我国人民从此深受其害。在此后的一个世纪，我国人民在与毒品不断斗争的同时，毒品也在不断更新换代，且种类更加层出不穷。我国禁毒的历史是极为漫长而艰辛的。1839年的虎门销烟，不仅打击了西方殖民者的罪恶行为，更在我国乃至世界禁毒史上画上了浓烈的一笔。中华人民共和国成立之初，政务院发布《严禁鸦片烟毒的通令》，在全国范围内开展禁毒运动，收缴毒品，禁种罂粟，封闭烟馆，严厉惩办制毒贩毒活动。在3年内，基本上消除了鸦片，我国成为世界"无烟国"。然而，20世纪80年代以来，在国际毒潮的侵袭下，加之我国毗邻"金三角"毒源地，境外毒品不断向我国境内渗透，曾经消失匿迹的毒品又卷土重来，其引发的犯罪活动也逐步蔓延，但我国政府禁毒态度明确——严厉打击。1990年11月，我国成立国家禁毒委员会，统一领导全国禁毒工作。1990年12月28日，全国人民代表大会常务委员会制定并通过了《关于禁毒的决定》。1997年3月14日，第八届全国人民代表大会第五次会议通过了《中华人民共和国刑法》修订案。修订后的《刑法》对走私、贩卖、运输、制造毒品的犯罪的处罚更加完善。

2. 关于高校大学生禁毒意识的调查与分析

对当代高校大学生而言，禁毒的重要性显而易见。在我们的成长过程中，学校、家庭、社会或多或少给我们带来了禁毒教育，在这种耳濡目染的大环境下，高校大学生的禁毒意识到底如何？此次调查结果显示，高校大学生中，对毒品种类很了解的占被调查人数的9.43%，有86.79%的人了解一些（图1）。高校大学生对毒品的了解是否全面，跟周围人有无吸毒经历有着紧密联系。77.36%的人表示其身边人并无吸毒经历，对其只有大概的了解。

随着毒品不断更新换代，新型毒品便存于众多高校大学生的知识盲区中，有45.28%的人表示他们根本不能辨别新型毒品（图2）。有人说是因为毒品更新过快，也有人认为新型毒品的安全教育普及不够。学校是高校大学生所在时间最长的地方，学校对学生进行禁毒知识的教育是最为方便、最立竿见影的。但仍有3.77%的学生认为，学校没有必要进行禁毒知识的教育。他们或许认为自己已经经过了长期的禁毒教育，掌握了基本的禁毒知识，具备禁毒意识，或认为毒品离自己很远，掌握禁毒知识、具备禁毒意识完全没有必要。高校大学生在对待毒品时态度较为一致，愿意坚决抵制和举报。根据我们的调查，高校大学生对毒品危害都具有较为清晰的认知，因此对毒品都采取坚决抵制和举报的态度，但仍存在个别学生对毒品抱有好奇心理想去尝试。

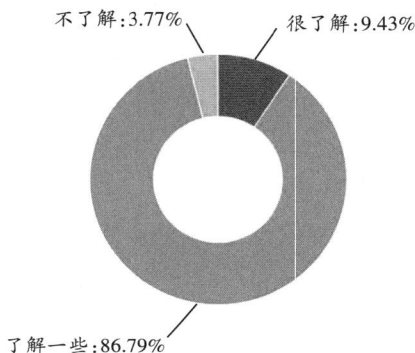

不了解:3.77%　　　很了解:9.43%

了解一些:86.79%

图1　高校大学生对毒品种类了解情况

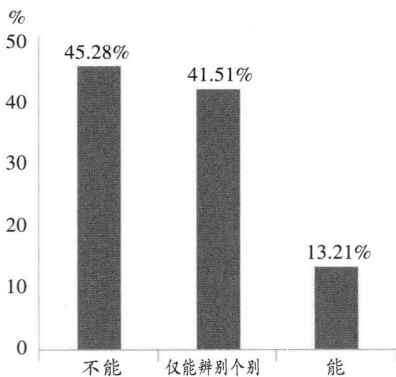

图2　高校大学生辨别新型毒品情况

3. 我国的禁毒环境

在我国政府及人民群众的坚决抵制下，我国禁毒斗争形势稳中有进、趋势向好，吸毒人数继续下降，规模性制毒活动大幅萎缩，制毒物品非法流失问题得到整治。但全球毒品问题继续呈恶化态势，三大毒源地传统毒品产能依然巨大，并与合成毒品和新精神活性物质形成三代毒品叠加供应态势。我国周边毒源地和国际贩毒集团对中国的渗透不断加剧，成为近年来毒品犯罪面临的外部威胁。

（二）高校大学生对禁毒的了解与我国的禁毒成就

1. 毒品的危害与禁毒的原因

当今时代，毒品泛滥于世界各地，毒品问题不仅是我国人民，也是世界各国人民面临的严峻挑战。联合国调查数据显示，全球第二大宗交易便是毒品交易，年交易额超过5000亿美元。除此之外，毒品造成的危害极具冲击力，涉及面广且程度深。首先，吸毒者本人的生命健康遭到毒品的严重侵害。毒品依靠人的身体与精神对它的依赖性使吸毒者上瘾，痛苦的戒断反应和生理机能的失衡使得吸毒者难以摆脱毒品的控制，从而深陷吸毒的泥潭。其次，毒品不仅祸及吸毒者的家庭，还会引发恶性犯罪事件，对社会产生严重负面影响。繁重的债务让吸毒者的家庭雪上加霜，在巨大的经济压力之下，吸毒者的家庭面临着不同程度的生活困难：轻者食不果腹，生活难以维持，重者举家走上违法道路，破坏社会和谐稳定。再次，毒品问题是政府机构走向腐败的催化剂，以墨西哥政府为例，滋生政府腐败的土壤就是毒品交易。在墨西哥，上至高官，下至警察，无不对毒品交易产生的高额利益趋之若鹜。长期以来，墨西哥政府机关沦为毒枭的傀儡。最后，毒品问题使社会经济蒙受重创。毒品交易以巨额资本为支持，巨额资本的转移是导致一个国家经济命脉动摇乃至失衡的关键所在。此外，因贩毒和传播毒品造成的经济损失以及禁毒的巨额经费对于一个国家而言更是沉重的经济包袱。我国作为发展中国家，对于打击毒品犯罪问题始终保持高度警觉和高压态势，绝不姑息毒品交易犯罪，打击吸毒、贩毒分子绝不手软，还逐步完善与创新禁毒治理体系与工作措施，使得我国禁毒进程实现里程碑式的进步。

2. 关于高校大学生禁毒意识的分析

在毒品无害论的问题上，调查结果显示，94.34%的人持反对态度，认为毒品祸国殃民，毒品有害是不争的事实；态度不明确的人占3.77%；而1.89%的人表示赞成毒品无害论。大学生禁毒意识的普及虽然已经在很大程度上取得了成功，但仍需要继续深入开展。调查结果显示，十分愿意主动参加禁毒志愿活动的人占被调查总人数的66.04%；30.19%的人有意愿参加禁毒志愿活动，但是积极性有待提高；只有3.77%的人对禁毒志愿活动不感兴趣，并不希望参与其中。事实上，大学生在普及禁毒知识、帮助他人形成禁毒意识方面具有非常大的号召力和影响力。尤其是面对青少年群体，大学生更善于教育青少年群体正确认识毒品问题。禁毒与戒毒的信息传播主要分为媒体传递和人际沟通两种方式。其中，通过以宣传演讲和通过亲友了解为代表的传统人际沟通方式了解禁毒和戒毒信息的人分别占60.38%和49.06%，而62.26%、92.45%、94.34%的人则分别通过现代信息传播方式，以书籍报刊、新闻媒体、信息网络为媒介获取有关禁毒和戒毒的相关信息，这展现了利用现代传媒技术助力禁毒工作进程的显著优势和卓著效果。

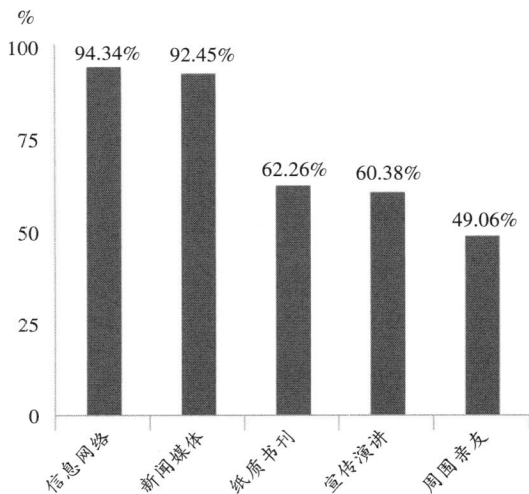

图3　高校大学生获取禁毒信息的途径（多选）

3. 我国的禁毒成就

近年来，我国禁毒部门逐步完善和发展禁毒举措，并依据禁毒成果与禁毒经验建立了"三道防线"：以边界封锁为第一道防线，从源头堵截毒品的流入；第二道防线依靠国内监察与排查，让贩毒分子无处遁形；在火车站、机场和码头建立第三道防线，尽一切可能切断可运输毒品入境的条件。自2015年起，名为"5·14"的新禁毒机制应运而生。禁毒数字化防控体系在探索中建立，并逐渐实现覆盖海、陆、空、邮，总体趋于立体化。与此同时，边境的毒品缉查活动也进一步开展，打击毒品犯罪取得切实成果。在禁毒战场上，公安机关走在打击毒品犯罪领域的最前沿，采用"天网行动""拔钉子行动""天目铲毒行动"等一系列专项措施，严厉惩处贩毒分子，沉重打击了贩毒分子的跋扈态势，阻止了毒品泛滥。

（三）高校大学生禁毒宣传分析

1. 染上毒品的原因

在当今科技发达的社会中，毒品制造的种类也越来越多，导致在社会中不仅存在着老式毒品，也存在着新式毒品，在新老毒品的混杂之下，人们开始难以辨别毒品，于是抱着怀疑的心态就去尝试了。也有人是抱着侥幸的心理，认为自己只吸一次，后面不吸就不会上瘾，殊不知自己已经落入了毒品的圈套当中。通过调研得知，青少年染上毒品的原因主要包括以下几点：

（1）缺乏对毒品危害性的认识。

（2）拥有太强的好奇心。

（3）缺乏自我控制能力和对事物好坏的分辨能力。

（4）容易受到外界不良环境的影响。

（5）叛逆心理的作用。青少年常因生活和学习中的矛盾，产生逆反心理，极易误入歧途。

2. 高校大学生禁毒意识不强的原因

（1）很多大学生都认为，自己是高素质人才，自己有能力去控制自己不接触毒品这一类事物，所以往往会把禁毒知识教育当成一种多余的事情，反而不会认真地去听、去学习，于是就会造成自己在禁毒意识这一方面有所欠缺。

（2）许多大学生都没有见过真正的毒品，只是在禁毒讲座上通过所展示的图片有所认识，但是如今出现了许多新型的毒品，容易蒙蔽许多人的眼睛，认为这个和图片上的不一样它就不是毒品，所以在防范性和警惕性都降低的时候，就很容易染上毒品。

（3）许多大学生认为学校附近的消费场所都是健康的，这往往也会降低大学生防毒禁毒的意识，如果毒品渗透到这些消费场所当中，那么受害的无疑是生活在学校附近的大学生。

（4）大学生缺少社会阅历和社会经验，在遇到诱惑的时候就容易被迷惑。许多大学生在学校里会被骗取一些钱财，毒品也一样，先给你一些诱惑，让你掉进陷阱，等你发现的时候已经摆脱不了。况且大学生对自我情绪的调节能力也不是很强，苦闷和生活中的一些不如意就容易让大学生受到毒品的诱惑。

3. 大学生容易接受的禁毒知识宣传渠道

（1）网络新闻。每个大学生都拥有一部自己的手机，在平常也会在网络上看一些热点新闻，所以网络新闻是一个很好的禁毒知识宣传渠道。但是通过网络进行宣传得把那些带有不正确观点的内容给筛选掉，以免让大学生从中认识到不正确的观点。

（2）科教影片。学校可以组织学生们在课上或者课后观看一些关于禁毒的科教影片，大学生对于影片这类教育方式会比较感兴趣，如果只是单纯地让学生们看禁毒图片，他们可能会不太在意。

（3）禁毒公益活动。学校可以在国际禁毒日的时候组织大学生们参加一些校内外的禁毒公益活动，可以在活动中适当地加入一点奖励，比如说学分或者志愿者时长，这样就可以引导学生们多参加此类活动，让更多的学生接受禁毒知识的教育，提高大学生的禁毒意识。

三、调查反思与问题建议

（一）调查反思

我们在禁毒调查过程中取得了较满意的成果，一方面，我们学习了不少和禁毒相关的知识，对自己相关知识的缺乏进行了反思；另一方面，这份调查问卷也对被调查者进行了禁毒知识科普。

从调查问卷的数据中可以看出，大多数人对于禁毒知识的详细内容还是模糊的。问卷中有涉及国际禁毒日、禁毒法、禁毒工作等问题，只有少数人可以准确地给出答案，从中可以看出人们对于禁毒的认识仅停留在分辨毒品的概念上。在调查中，我们采访了部分人，他们表示这份调查问卷问了些"冷门"知识，在现实生活中运用得较少，并表示出"能分清毒品种类已经不错了"的态度。因此，应该加大禁毒宣传力度，完善禁毒的教育。

禁毒和国家、个人及社会息息相关，各方都应该注重禁毒问题，并积极参与其中，应该做到全民禁毒知识普及，做到全民禁毒。

（二）建议

（1）学生应该主动关注与禁毒相关的知识。调查问卷显示，86.79%的大学生对毒品了解一部分，56.6%的大学生很了解毒品给人体带来的危害。大学生拥有的禁毒知识是片面的，对于新型毒品更是缺乏认知与防范能力。在调查中，有13.21%的大学生周围有吸毒人员，这可能会导致他们对毒品产生好奇心理，这就需要大学生自行杜绝好奇心理，并在理智上做好拒绝毒品的准备。

（2）当代大学生应该广泛参与禁毒活动。调研数据显示，有66.04%的大学生非常愿意参加此类活动，校方也应该多举行相关的知识讲座，对禁止毒品进行宣传。学校也可以举行校级或院级禁毒知识大赛，开展禁毒黑板报评比等活动。为了切实让学生认识到毒品的危害，可以请已彻底戒毒人员对学生进行禁毒宣传，使大学生在校能积极参与禁毒活动。

（3）媒体工作者及家长应做好禁毒知识宣传。调查结果显示，超过90%的大学生对毒品信息的了解来源于信息网络和新闻媒体，超过60%的大学生通过纸质书刊和宣传演讲了解。由此可见，媒体的影响力还是很大的。媒体应该采取新型宣传方式来普及禁毒知识，可以举行禁毒广告比赛或是禁毒征文，用新颖的形式来吸引大学生了解禁毒相关知识。此外，有49.06%的大学生通过周围亲友来了解禁毒知识，这就需要亲友们增加禁毒相关的知识储备量，树立正确的榜样，普及正确的禁毒知识。

（4）对于制造毒品以及贩卖、走私毒品的人进行严厉打击，做到从源头杜绝毒品。不仅要对相关人员进行罚款，还要进行彻底的思想教育，并加以正确引导。对屡教不改人员应该实施更加严峻的惩罚，做到公开宣刑，依法制止。根据《中华人民共和国刑法》第十七条："【刑事责任年龄】已满十六周岁的人犯罪，应当负刑事责任。已满十四周岁不满十六周岁的人，犯故意杀人、故意伤害致人重伤或者死亡、强奸、抢劫、贩卖毒品、放火、爆炸、投放危险物质罪的，应当负刑事责任。"

关于高校校园霸凌状况的调查

李 乐 黄怡芳 顾婧妍 张靖雅

引 言

"有的人，用童年治愈一生；有的人，用一生来治愈童年。"这是近期网络上非常流行的一句话，曾经有人戏称这句话为"网抑云"的经典语录，但是随着各种校园霸凌事件的产生，人们发现这句话恰恰反映了所有类似事件的结果。曾经我们都认为校园霸凌事件离我们非常遥远，但是深思细想，你会发现其实校园霸凌就在自己的身边，有的成了施暴者，有的人成了受害者，而有的人则是冷漠的旁观者。

作为本次实践报告的发起者和撰写者，我们所希望的不仅仅是将一份份冰冷的数据展现在每一位读者的面前，而是我们可以对校园霸凌这个本不该存在的现象认识得更加透彻，去知晓其定义、诞生的缘故以及带给当事人、周遭人群乃至社会环境的影响。当然最为主要的还是去寻找到妥善的、合适的预防与应对措施，让校园霸凌现象可以从根本上消除。

一、调查设计

（一）调查对象

随机邀请100个网友进行线下问卷或者网络问卷的填写调查，对一些有过高校校园霸凌遭遇经历的人进行专访。

（二）调查方法

本次调查主要采用自编的网上问卷《关于高校校园霸凌状况的调查》以及线下手写的调查问卷进行，问卷设置了6个单选题、3个多选题以及1个开放式

作者李乐、黄怡芳、顾婧妍、张靖雅，均为海口经济学院中广天择传媒学院2021级播音与主持艺术2班学生；指导教师徐趁丽，为海口经济学院马克思主义学院教师。

问答题。针对一些有过高校校园霸凌遭遇经历的人，在经过对方同意后进行了短暂的采访。

（三） 调查时间

本次调查时间为2021年7月8日至2021年7月31日。

（四）问卷回收

本次调查实际发放网络问卷100份、线下问卷20份，共回收有效问卷100份，有效回收率83%。

（五）数据处理

由团队根据回收数据手动生成统计表。

二、调查结果与分析

（一）校园霸凌调查与分析

1. 关于校园霸凌的状况

在信息化的今天，互联网已经融入了人们的日常生活中，通过互联网我们可以了解到各时各地的新闻消息，人们往往只需通过小小的手机就可以在任意时间、地点了解到任何自己想要的消息，同时也可以进行分享或者发表自己内心的想法。互联网的便捷可以使人们更快地了解到校园霸凌事件。此次调查结果显示，知晓或者了解校园霸凌相关事件的人数占100%，其中男女比例较为不平均，男性占比27%，女性占比73%。84%的填写者是通过社交媒体了解到与校园霸凌相关事件的，而剩下的16%的填写者则是亲身经历者或者是周遭朋友有过相似经历。这些数据反映出人们对于校园霸凌是关注的，那为什么校园霸凌依旧会成为一种屡禁不止的现象呢？

2. 关于校园霸凌的定义

挪威学者丹·奥维斯将校园霸凌定义为：一名学生长时间并且重复地暴露于一个或多个学生主导的负面行为之下，霸凌并非偶发事件，而是长期性且多发性的事件。

在一般定义中，校园霸凌被解释为霸凌者（一个或一群人）对被霸凌者进行重复的伤害行为。霸凌者拥有高于被霸凌者的力量，其力量包含体力、社会权利以及超出范围的管教权。霸凌的范围可以是简单的一对一也可能是更为恶劣的、复杂的团体霸凌。霸凌事件可以发生在任何拥有人际互动的场所中，包括但不限于学校、家庭、工作场所、周遭社区等。霸凌行为可能通过言语辱骂、肢体接触、网络发言、电话骚扰、文字侮辱等行为，使被霸凌者在物质、身体、精神和社会适应等中受到一项或者多项伤害。

如此看来校园霸凌的定义是极其广泛的。既然校园霸凌的后果如此严重，为什么依旧有这么多校园霸凌的情况出现呢？对此我们一般将校园霸凌分为物质霸凌和精神霸凌两部分。物质霸凌是对被霸凌者的肉体进行殴打，对被霸凌者的行为进行支配，被霸凌者有物质如金钱上的损失等。精神霸凌在大众的认知里一般为通过带有侮辱、贬低等词性的词语对被霸凌者进行长时间的、持续的辱骂。随着时代的发展，一种新的精神霸凌形式出现了，也就是我们现在认为的漠视、集体孤立被霸凌者，使被霸凌者对于团体、社会等环境产生抵触的心理，甚至对自身产生消极的心态。被霸凌者的性格往往会变得更加脆弱、敏感和极端，内心比较封闭，从而使得被霸凌者即使离开了校园，今后也往往很难走出所遭受经历的阴影，进而形成了恶性循环。此外，通过调查问卷，我们发现87%的霸凌现象都是物质和精神双方面的，而精神霸凌带来的结果往往比物质霸凌更加沉重，这主要体现在后续影响时间和影响程度以及被发现的概率上。

（二）校园霸凌现象产生缘由的具体分析

在校园霸凌中，霸凌者占据的是一种付出成本极其低的行为活动方式，但是对于弥补被霸凌者所受到的创伤则需要付出极大的代价来进行。同时在很大的概率上，人们往往无法拥有可以去弥补的前提，生命一旦了结，说什么也于事无补。通过数据，我们将校园霸凌产生的因素概括为4个，分别是原生家庭、学校环境、社交媒体、多元文化传播，希望能更细致地将校园霸凌现象产生的缘由给梳理清楚，从而更好地对症下药，进行预防与应对。

1. 原生家庭的影响

家庭是每个人最早接触且接触时间最长的一个地方。幼年是一个人的性格、三观、行为准则等形成的重要时期，而原生家庭毋庸置疑扮演了极其重要的角色。2021年的数据显示，全国平均的离婚率已经达到了39.33%，幸福的原生家庭也无疑成了新时代真正的难能可贵之物。

拥有一个幸福的原生家庭无疑将会对一个人的前半生产生重要影响。我们常说："有什么样的父母，就有什么样的孩子。"父母作为孩子接触世界、探索世界的第一任老师，也是孩子们在生命早期的模仿对象。当发生冲突时，父母往往不会考虑孩子的感受，父母争吵时的神态、动作、言语、情绪都会在潜移默化之中慢慢改变孩子的行为举止、处事方式和生活态度。这些还只是父母之间，有的家庭之中，更可悲的是孩子成了父母婚姻的牺牲品，对孩子的暴力殴打和尖酸刻薄的言语刺激都会让孩子在早期对于自我认知的形成产生偏差，如果孩子在家庭中主要体会到的是父母之间的争吵、冷漠疏远、指责和推脱的情绪氛围，那么他们多数容易形成内向、冷漠、逃避、自私、自卑、多疑、敏感、缺乏信任以及渴望被爱的性格，而这样性格的孩子往往更容易卷入校园霸凌的事件中。被霸凌的孩子长大以后，对于周围的环境与人往往会产生厌恶的情绪，成家之后所诞生的孩子也会因为自己的父母而重蹈覆辙，就像是一个恶性的死循环。但是想要打破这样的循环往往是比较难的。中国人骨子里秉持着的家丑不可外扬和家事少管的心态决定了要从根源上打破这个循环往往很难实现，原生家庭已经如此充满了不确定性，更不必说像重组家庭、单亲家庭了。家庭原因是校园霸凌形成的最重要的基础因素，而且由于其基数大、影响深、难以解决的特性，想要从家庭方面去解决校园霸凌是非常难以实现的。

2. 学校环境的影响

如果撇去原生家庭的影响，那么校园无疑是学生第二次接受新世界的场所，然而本应该是学生接受教育、学习新鲜知识的地方为何会演变成霸凌事件的多发地呢？

其一，从学生群体来说，人们总说学校是社会的缩影，事实上确实如此。在校园中，无论是以班级、专业，还是以兴趣爱好等，都会组成一个个圈子。有了共同点就一定会有不同点，而这小小的不同，往往就会成为校园霸凌事件的导火索。其二，从校园管理层说起，随着校园霸凌事件的不断曝光，校园管理层也是对校园霸凌事件逐渐重视了起来。但很多学校对于校园霸凌只会进行简单的布告栏式的宣传，往往很难做到真正走进学生的内心。

3. 社交媒体的双刃剑

在当今社会中，社交媒体已经融入人们生活的方方面面，给人们的日常生活带来了便捷与实用。当校园霸凌事情在网络上发酵时，人们都可以快速地参与其中，发表自己的意见。如此看来社交媒体确实能让校园霸凌事件快速地被曝光，尽可能地挽回和弥补被霸凌者所受的创伤。因此，社交媒体对校园霸凌现象的解决有着无可比拟的作用。但是社交媒体也是一把双刃剑，由于网络监管不够完善，很多人认为可以在网络上畅所欲言，但是这样的畅所欲言到最后往往就演变成了胡编乱造。尤其是在校园中，真的可以说是"辟谣跑断腿"。在笔者身边就曾有这样的事情发生。因此，社交媒体也为校园霸凌提供了一条更加便捷、成本更低的道路。对于社交媒体这把双刃剑，用得好则可以遏制校园霸凌事件，反之则会成为助长这团难以扑灭之火的燃油。

4. 多元文化传播的影响

文化对于一个人，甚至说一个时代来说，其影响是无可比拟的。从香港古惑仔类型电影的流行，到青春伤痛文学的渗入，再到现在一些暴力血腥游戏文化的传播，这些堪称经典的事物，都成了后来校园霸凌事件产生的一个推手。一些学生由于缺少独立自主的意识，往往不会认为暴力等行为是错误或违法的，在没有被管教之前，他们也只是为了追逐所谓的时尚潮流。我们认为现在最需要宣传的文化就是"尊重"。尊重每个职业，尊重每件事物，尊重每个不同，尊重每一个人。这需要将优良文化印刻在骨子里，印刻在脑海里，需要每个人不断地坚持与付出。

（三）校园霸凌的后果

1. 物质损失

我们将在校园霸凌中发生的物质损失大致归为两类，一类是身体上的痛苦，另一类是金钱上的损失。身体上的痛苦是由于霸凌者进行殴打等行为造成了被霸凌者身体上的损伤。金钱利益往往是产生校园霸凌的最重要原因之一，校园霸凌者中一大半人基于此产生校园霸凌行为，对被霸凌者造成了金钱上的损失。

2. 精神伤害

精神伤害是最可怕的情形。校园霸凌一旦产生，对于被霸凌者来说几乎就是永久的伤害。被霸凌者在早期会产生对校园的抵触情绪，对于人际关系变得越来越消极，会经常性失眠，变得越来越孤僻。在中期，被霸凌者可能会对生活失去希望，会对别人缺乏信任，产生社交恐惧等症状。在后期，抑郁症作为目前最难根治的心理类精神病症，却恰恰是很多被霸凌者的共同点。无论轻重，抑郁症都是近年来自杀率不断攀升的罪魁祸首。

3. 生命危机

生命其实是一个很沉重的话题，但很可悲的是对于很多被霸凌者来说，死亡似乎才是那黑暗中唯一的一束光。割腕、跳楼、服用安眠药，这些词汇本不应该出现在学生时期，却成了很多被霸凌者心理上解脱的途径。

三、对此次调查的思考与建议

（一）思考

通过本次社会实践调查，总结如下：校园霸凌现象在当今世界已经普遍存在，只是有些严重的校园霸凌事件才被曝光出来。被曝光的只是冰山一角，还有很多大大小小的事件隐藏在黑暗之中。我们是否能成为点燃一束灯火的人，照亮这一方光明呢？这值得我们每一个人深思。

通过本次调研，我们认为最可悲但又无力的一点是，我们明明有那么多人知道有校园霸凌的事件在周遭发生着，却往往沉默不语地看着事件的发生。我们应该做的不仅仅是把校园霸凌事件爆料出来，同时应该付出实际行动，通过合理合法的途径，去保护那些受到伤害的人。

（二）建议

1. 原生家庭方面

（1）我们希望家长和孩子之间能多加强交流，淡化被血缘关系所赋予的上下所属关系。在交流之中，我们希望可以慢慢消除所谓的代沟。

（2）我们希望接受教育的不仅仅是孩子，父母也应该去接受与之相匹配的责任和义务的教育。

2. 学校教育方面

（1）加强监管力度，对于校园霸凌事件坚决说不，同时学校作为一个教育单位，应该承担起相应的保护和监管责任。

（2）举行与校园霸凌相关的讲座和培训，而不是仅仅通过布告栏进行文字宣传。

（3）要想从根源上消除校园霸凌现象，最终要靠教育和人民素质的不断提高，因此，各级学校都应加强对校园霸凌问题的宣传和教育，使得学生对校园霸凌有一个科学、全面的认识。

3. 社交媒体方面

（1）严格管控社交媒体的运作，制定相关的法律法规进行网络安全的维护，让网络不再是"法外之地"。

（2）加强个人信息保护意识，对于泄露电话、身份证号、家庭住址等重要个人隐私的行为，相关部门应当及时进行处理和管控。

（3）无论在何时何地发生了校园霸凌事件，无论是否与我们直接相关，我们都可以利用社交媒体去发声，沉默忍受永远不是解决的方法，冷漠旁观更不应该存在。

4. 多元文化方面

（1）相关部门应该加强文化宣传管理，取其精华，去其糟粕。

（2）通过媒体多多宣传正能量的文化，为和谐校园建设营造良好的氛围。

四、调查团队的些许感想

在团队整个调查过程中，其实我们一开始并没有想到那么多。我们真的以为校园霸凌不过是离我们还比较遥远的存在，但是事实上，在整个调查团队中就有2人遭受过数年的校园霸凌。当我们静下心来去进行资料的搜集、问卷的采访和数据整合的时候，给予我们团队的震惊无疑是巨大的。

在整个的数据整合中，我们也了解到了许多人的故事，其中让我们感到最可怕的是，当我们询问校园霸凌产生的原因的时候，有人回复的是短短的4个字——"没有原因"。我们感到震惊的不是他们不明白产生的原因，而是在这样的事背后对于校园霸凌的那一份深深的苦痛与无力感。也许仅仅靠我们小组的几个人和我们的文章改变不了什么，但即使是这样，我们也会尽自己的绵薄之力去尝试着改变，去尝试着变成那黑暗中的一小束光。

最后，借用张爱玲在《倾城之恋》中曾说过的一句话："如果你认识从前的我，那么你就会原谅现在的我。"希望所有人的青春都不会背负伤痛。

中小学校园欺凌情况调查报告

何　婧　王　茜　翟思彤　胡嘉怡

引　言

欺凌行为在现今社会十分普遍，中小学校园欺凌现象更是屡见不鲜，已然成为我们必须关心关注的校园问题。中小学校园欺凌事件的发生一方面对学生的身心健康产生了严重的影响，另一方面也沉重打击了相关的家庭。中小学校园欺凌事件不仅给学校正常教学带来了巨大隐患，也给社会正常运转和国民经济发展带来了巨大挑战。因此，中小学校园欺凌事件已成为我国教育、法律和心理学领域的重要研究内容。如今我国中小学校园欺凌事件屡有发生，引起社会广泛的关注。笔者在本文中将对中小学校园欺凌事件的现状进行深入研究和调查，从而更好地找出事件发生的原因，给出建议。

一、调查设计

（一）调查对象

选择本地的学生和家长共100位进行问卷调查与采访。

（二）调查方法

本次调查主要采用自编的网上问卷《关于中小学生校园欺凌情况的调查》进行，问卷设置了20个选择题。

（三）调查时间

本次调查时间为2020年7月20日至2020年8月20日。

（四）问卷回收

实际发放问卷100份，回收有效问卷90份，有效回收率90%。

作者何婧、王茜、翟思彤、胡嘉怡，均为海口经济学院网络学院2019级数据科学与大数据技术1班学生；指导教师黄少花，为海口经济学院马克思主义学院教师。

（五）数据处理

由问卷网根据回收数据自动生成统计表。

二、调查结果与分析

（一）校园欺凌调查与分析

1. 中小学校园欺凌行为方式

因为中小学生的想法单一，思维较为简单，其自控力、可塑性以及自觉遵守社会道德的意识薄弱，对一些新鲜的事物，尤其是成年世界有着一定的好奇心，所以非常容易受到诱惑。在调研期间，依照对中小学生的问卷数据，总结出中小学主要采取言语欺凌、网络欺凌、肢体欺凌3种欺凌手段。这3种欺凌手段中，肢体欺凌所占比例最高，占比52%，所谓肢体欺凌就是欺凌者利用自己的身体恶意攻击和伤害他人，使得被欺负的学生对欺凌者产生一定的恐惧心理。言语欺凌占欺凌事件总数的27%，主要是使用污秽、恶意的语言攻击他人，可以间接影响他人的心理。而网络欺凌所占比例则最低，为21%，主要是发生在互联网上的骚扰事件，通过互联网对他人进行攻击。

2. 中小学校园欺凌行为的普遍性

在世界各地，中小学的欺凌行为非常普遍，这也成了世界范围内青少年成长过程中的绊脚石。由此可见，中小学校园欺凌行为问题已不再是一些地区和国家所特有的，必须找出其中原因，并找出相应的解决方案。

中小学校园欺凌事件的发生率相当之高。我国中小学校园欺凌行为的调查资料显示，经常遭到身体暴力的学生占比18%，经常遭到言语攻击的学生占比29%，经常被他人勒索或威胁的学生占比高达46%。因此，对于校园欺凌行为的防治迫在眉睫。

3. 中小学校园欺凌行为发生的地点

在现如今的社会中，中小学经常发生的欺凌事件令人发指。在小学和初中，欺凌通常发生在不易察觉的地方。在对一位班主任进行采访时她曾说道："根据我的观察，中小学的欺凌场所相对隐蔽。大多数欺凌行为会避开老师，也会防止欺凌行为被其他同学看到后向学校举报。"厕所被认为是出现欺凌最多的地方，占46%，其次是走廊和操场。

（二）中小学校园欺凌产生的原因分析

1. 学生思想意识薄弱

随着互联网的快速发展，一些破坏稳定的因素，例如暴力和色情，已经开始对人们产生不良的影响，尤其是中小学生。中小学生通过手机、电脑等获取大量不良信息，这无疑对那些健康意识薄弱的中小学生产生了很大的心理影响。笔者曾经采访过一名小学老师，老师提出6至12岁的儿童还是没有足够的心理抵抗能力的，尽管他们还没有成年，但他们梦想着已经成为成年人，并开始学习成年人处理事情的风格。

2. 家长责任意识缺失

家庭环境的相对良好，可以对孩子的行为、性格和心理健康成长有很大帮助。反之，恶劣的家庭环境会对孩子的许多方面产生负面影响，并影响孩子的心理、行为和性格。

在对一名四年级的孩子进行采访时他曾说道："虽然我在爸妈眼里是孩子，但我自己并不这样认为。有些他们可以做的事，我也可以做。有时候爸爸会动手打妈妈和我，导致我很怕他。所以后来我也想像他一样可以随便欺负别人，让他们都怕我。"这表明，经常遭受暴力侵害的孩子可以轻松模仿成年人的行为和解决问题的方式。此外，一些家庭对孩子的成长不闻不问，无法对儿童进行正确指导，不能引导他们养成良好的品格。在过分溺爱孩子的家庭中，父母很难培育孩子正确的价值观以及生活观念，也很难督促孩子养成良好的习惯。单亲家庭的孩子，也可能由于家庭生活不幸福，加之感觉父母对自己不够关心，让他们缺少了父母的爱，从而对他人实施暴力行为，甚至走上犯罪的道路。

3. 学校道德教育不完善

由于校园欺凌事件的主体和地点的特殊性，这类事件已然成为社会管理和法律管理的重中之重。从管理的角度来看，如果学校没有进行监督并防止不当的学校欺凌行为，使得暴力行为没有得到及时制止，那么欺凌的情况将会恶化，并且一直延续，无法结束。从道德教育的角度来看，当今社会的道德教育，尤其是校园道德教育，是存在短板的。教师对学生的道德教育存在一定问题，道德教育的思想还没有完全渗透到孩子的学习和生活中，更谈不上学生们利用德育来加强自我教育了。

学校的道德教育应该充分发挥学生的主动性，而不是一味地进行灌输式教育。如果没有充分发挥学生的主动性，而是仅仅停留在课堂教学上，想要将道德教育知识渗透到学生的心中是不可能的。

4. 社会不良风气的传播

中小学校园欺凌现象频发的原因有很多，不良社会风气的蔓延是重要原因之一。对金钱和财富的盲目崇拜，使一些学生为达到自己的目的，不惜欺凌他人。因此不良社会风气的传播增强了中小学生欺凌他人的意识，使他们在实现自身特定目的的过程中会不自觉地采取暴力行为。

三、对此次调查的思考与建议

（一）思考

在经济全球化的今天，各种思潮的传播更加便捷迅速。一些不良思想逐渐渗透到社会，尤其是中小学校园，导致中小学生犯罪率上升。这不仅严重损害了中小学生的身心健康，而且对家庭和学校乃至社会产生了非常不利的影响。因此，对中小学生的校园犯罪和欺凌现象的预防，已成为学生家庭、学校和整个社会不可回避的重要问题。我国对中小学校园欺凌行为的研究起步较晚，了解程度相对较低，处理中小学校园欺凌事件的方法还不完善，这严重阻碍了中小学校园欺凌事件的解决。

（二）建议

1. 个人方面

加强自我保护，加强对法律知识的学习。导致中小学校园欺凌的一个重要原因就是学生的法律意识薄弱。因此，为避免校园欺凌事件的发生，就需要阅读更多有关法律的书籍，进而提升自己的法律修养和法律意识。另外，在日常学习和生活中，被欺凌者要学会用法律来保障自身安全和权益。

2. 学校方面

（1）加强法律知识的宣传教育。防止中小学校园欺凌的有效方法就是实施法律教育。首先，学校为了提高学生对法律知识学习的兴趣，可以开设法律课程。其次，学校可以开展法律知识竞赛、法律知识讲座等活动，从而对青少年进行直观的、形象的法律教育。最后，为了教育学生避免触犯法律，教师可以在课堂上利用多媒体课件播放与中小学校园欺凌相关的案例，利用真实存在的案件来告诉学生们如何更好地对自身行为加以规范。

（2）重视学生的思想和道德教育。对中小学生来说，养成良好的道德操守以及行为习惯至关重要。要做到这一点，首先，应注重良好的日常生活习惯的养成。比如，对课堂纪律的遵守，主动向老师问好。时间久了，就自然而然地养成良好的行为习惯，而良好的行为习惯是形成优良品德的基础。其次，学校应该将思想道德教育寓于学生各门课程的学习中，从而使思想道德教育变得更加形象、生动。这比枯燥乏味的灌输式教育更能引起学生的兴趣，也能更好地引起学生思想意识上的共鸣，便于学生理解和掌握。最后，学校应开展一些关于思想道德教育的活动、竞赛或是专家讲座，激发学生自主养成良好的行为习惯，防止一些不良行为的发生。

（3）应急预案的制定。中小学校园欺凌事件导致的后果是非常严重的。学校有关部门必须及时应对，建立工作制度，预防中小学校园欺凌和暴力行为。为了更好地有效管控中小园学校欺凌事件的发生，应提前制定相关预案。如，重视对师生法律观念和法律知识的教学，增强师生的法律意识和自我保护意识；安装室内外监控设备，以对校园中的学生动态进行掌握。

3. 家庭方面

（1）良好家庭氛围的营造。在中小学生的心理健康教育和成长过程中，良好的家庭氛围可以产生积极的影响，可以使中小学生避免使用暴力。家庭成员应该经常对孩子保持微笑，更多地鼓励子女，对他们取得的成就给予充分肯定。学会欣赏自己的孩子，多发现他们的闪光点，并减少对孩子的抱怨。父母作为孩子的第一任老师，要经常与子女进行沟通交流，学会倾听，多站在孩子的立场上思考问题。

（2）家长应注重自身道德素质的提高。孩子从记事起就会一直模仿家长的行为，所以家长应该树立榜样，不断提升自身的思想道德素质。首先，家长应该履行对孩子的承诺，培养孩子的诚信意识。其次，家长要有强烈的责任意识。对孩子的教育不仅是学校的事情，更是家庭应该尽的责任和义务。最后，家长要培育自己正确的人生观和价值观，要学会正确引导孩子对于校园欺凌的认识，从而避免校园欺凌事件的发生。

4. 社会方面

（1）加强媒体宣传力度。首先，社会应加强对中小学校园欺凌事件严重后果的宣传力度，使学生充分认识到后果的严重性，并增强学校工作人员对欺凌事件的认识，进而能更好地预防中小学校园欺凌事件的发生。其次，利用新闻媒体多多宣传一些发生在中小学校园的正能量的典型案例，传播弘扬正能量，实现环境育人。最后，新闻媒体开设中小学校园欺凌的专题栏目，定期播放，加强宣传，营造良好的关注中小学生健康成长的社会氛围。

（2）对校园的周边环境进行整顿。社会有关部门应加紧努力，改善中小学校园周围的环境，为学生提供一个安全舒适的学习场所。其一，社会有关部门应严禁在中小学校园周边开设网吧、游戏厅、洗浴中心、歌舞厅和其他娱乐场所。其二，加强对学校周边商铺工作人员的培训，使他们也成为及时阻止中小学欺凌事件发生的有效参与者。

岛外掠影

重庆民宿调研报告

易兴渝　莫诗圆　王佳茹　夏菁璐

引　言

民宿最早是由一些登山、滑雪、游泳爱好者租借当地居民的房屋演变而来。久而久之，越来越多的人加入其中，利用自己空闲的房屋，在不让房屋落灰的同时也增加一份收入。它平民化的收费以及更加亲民的自助式的服务模式，受到人们的青睐，因此得到快速发展。它具备了酒店以及旅社所不具备的风土人情以及浓厚的家庭味道。

为了更好地了解重庆民宿的现状和发展，以及人们对民宿的看法，我们团队进行了此次关于重庆民宿的调查。

一、调查设计

（一）调查对象

随机抽取100个微信、QQ好友进行网上问卷调查。

（二）调查方法

本次调查采用的是网上问卷的形式，通过自编的《关于民宿的调查问卷》进行，问卷设置了5个单选题、9个多选题以及1个开放式问答题。

（三）调查时间

本次调查时间为2021年7月25日至2021年8月24日。

（四）问卷回收

本次调查实际发放问卷100份，回收有效问卷91份，有效回收率91%。

（五）数据处理

由问卷网根据回收数据自动生成统计表。

作者易兴渝、莫诗圆、王佳茹、夏菁璐，均为海口经济学院腾竞依智网络学院2020级电子信息工程1班学生；指导教师佘林芳，为海口经济学院马克思主义学院教师。

二、调查结果与分析

(一) 对民宿的需求

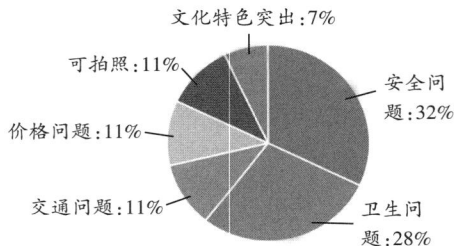

图1　女生对民宿的需求　　　　图2　男生对民宿的需求

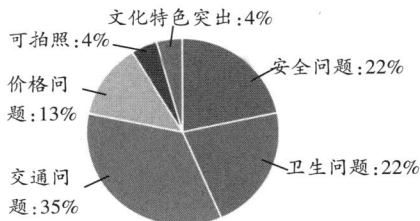

经过对问卷结果的统计，男、女对民宿的需求各有侧重点，得出的数据如图1、图2所示。

(二) 重庆市主城区旅游发展状况

重庆旅游发展较慢，环主城区度假带成了未来发展的主战场。而旅游的发展或直接或间接地会影响主城区的民宿发展，所以推动主城区旅游发展，能使重庆成为闻名的文化旅游目的地，让更多人来重庆旅游，感受重庆的人文发展。

1. 提高重庆市主城区旅游国际化发展和国际影响力

首先是抓好国际化发展，支持"一区"与国际化相结合，与更多国家和地区相结合，打造一系列联名产品，通过自身优点找到和自己切合的国际化旅游景点。其次是通过设计，打造更高水平的旅游产品，将重庆变为国际一流的旅游休闲地；将"两江游"的品位进行晋级提档，建成一个以山川都邑为主的产品。最后是通过办妥国际化集会和大赛，持续举行重要的行商大会如重庆国际旅游交流会，大力支持并举办国际马拉松大赛等国际赛事。

2. 提高重庆市主城区的旅游水平，使公众的幸福感增加

其一，提高人文品德，将大足石刻景区变成重庆的著名旅游景点；推动中国传统经典景点的发展，将重庆段的长征国家文化公园建得更好。其二，提升在当地旅游的品质，要让重庆有更多的国家级景区、国家级旅游度假区；以更高标准推动渝中区、渝北区继续创建国家旅游示范区；推出"国家红色旅游示范景区"，抓好对重庆遗址公园的建设。

3. 提高对旅游进行智能化建设的水平，发展新产品新功能

增强互联网＋旅游的建设，推进旅游云网络平台的建设，打造属于自身的

网络服务平台；加强智慧网络建设，支持重庆对5G（第五代移动通信技术）的建设；加强智慧文化旅游景点的建设，推动智慧城市的建设，对革命文物的保护与展示也应重视起来。

4. 提高对旅游景区品牌的建设

与各旅行社、平台等确立合作关系，合力开展线上和线下共同营销。将传统和网络媒体进行结合并全面跟进和推广，将旅游景区的品牌宣传到全国各地。

（三）重庆市主城区民宿发展状况

2018年上半年数据显示，重庆市民宿的收入在全国排名第7，总订单数和总收入比2017年各增长了3.7倍和3.5倍。2021年2月24日，重庆市政府办公厅颁布了《利用存量闲置房屋发展旅游民宿试点方案》，这一方案的发布，无疑是为重庆市的民宿提供了书面材料的支撑。重庆市民宿主要集中在中西部地域，也就是重庆市主城区，但是在中西部、渝东北、渝东南都有分布，通过方案的提出，要求在3年时间内，创建一部分有民族特色、个性的民宿产品，培育一部分有较强知名度的民宿品牌，将一部分民宿企业归入上市重点培养名单。预计到2023年，全市拥有的国家级旅游民宿将达到300家，聚集区将达到20个。根据以上可知，民宿发展已得到重庆市的高度重视，民宿资源促进了重庆市的旅游发展。

据统计，重庆全市的住宿业态大概有11000家，其中有8000余家都在重庆市主城区，有许可资质的酒店和旅馆大概6200家，剩余的主要是民宿和家庭旅馆。近几年，重庆民宿的迅速发展也带动了重庆旅游业的进步，使人们更多地来到重庆，了解重庆，宣传重庆。特别是在一些乡间、旅游景区以及城市周边地区，民宿也对发展中国绿色环保技术产业做了巨大贡献，提高了地方消费市场经济。民宿这种新型的住宿服务，能提供宾客与民宿主人之间的互动，还能让客人享受到与传统式的旅游住宿服务业态完全不同的新型旅游生活方式。数据显示，在2年时间内，重庆客栈民宿数量涨幅达到78.9%，但重庆民宿存在平均入住率不足一半的现象，其原因在于一些开在传统旅游目的地的旅馆还不能完全称之为民宿，还有就是很多从业者不懂民宿的经营，没有达到民宿的私密性、安全性、卫生性要求，就只是片面地强调建筑。

（四）重庆市主城区民宿演变

第一阶段是在2012年以前，农家乐刚刚兴起，这个时期可以称为是中国消费转型的初期。农家乐是一种旅游休闲形式，是回归大自然从而使身心放松、精神愉悦的休闲旅游方式。一般来说，农家乐主人会利用闲置的房屋进行改造，使这些房屋变成饭店或旅店以便于客人居住，还会把当地的农产品进行加工，让客人体验真实的乡土特色。农家乐是乡村旅游的一种，让人观赏当地特有的乡村景点、民风民俗，具有鲜明的乡土烙印。同时，也是人们放松身心、体验农村的好机会，但现在农家乐渐渐离开人们的视线，迎来了民宿的发展。

第二阶段是在2012—2016年，这一阶段是民宿的快速增长期。随着国家经济社会总体水平的提高，人们的旅游时间不再局限于周末和节假日，在平时出差的时间，人们也常常会选择民宿，这样不只是体验当地的特色，还能在休闲的民宿居住地完成自身的工作。在该阶段，重庆市主城区的民宿数目有所增长，不同特色的民宿也随之产生，而不同特色的民宿会为不同的人服务。比如位于巴南的芷·山谷里民宿，如果喜爱大自然，想体验在树林里、田野间居住，一定不要错过这个民宿。山谷里所在的山峦海拔很高，居住者很少，抬头便能见到青山翠岭，望见日出日落的美景。

第三阶段是在2017年至今，互联网的发展为民宿的发展开辟了又一条新的道路，布局"互联网＋民宿"产业已经成为宣传民宿的重要渠道。如在2018年，重庆"穿楼轻轨""洪崖洞夜景"的视频在抖音、快手等短视频平台上走红，为重庆民宿带来了客流量。

三、国内民宿现状

我国民宿的发展目前正处于起步阶段，在江浙沪地区较为发达，而在文旅部出台了一系列鼓励旅游和国内民宿的相关政策后，加之人们生活品质的提高，对精神的放松也有了追求，人们不再满足于传统的农家乐、农庄、旅游景区提供的服务，转而投向更加精致、高品位的民宿进行休闲旅游，修养身心，因此各地民宿也如雨后春笋般纷纷涌现。

（一）民宿的发展现状

在早些年，民宿就曾以"农家乐""客栈"等形式存在，近几年，随着旅游业的逐渐发达，以及国家出台了有关政策进行扶持的多方面条件下，民宿这个大概念逐渐出现在人们的视野中。

以往的"民宿"通常都有以下几个特点：一般在景区周边，由附近居民用自家院子而商用；店家一般会提供各种自助式项目，都是依托于自家所种植的农作物或养殖的家禽所建立；房间数量一般较少，卫生质量不高；店家会与住户有一定的沟通交流，或基于附近环境的推荐。而如今的"民宿"则已经是过去的升级版，特点包括所在地遍布城市的各个角落，不仅景区、商圈周边，只要有房都会有民宿的存在；满足住的需求已经远远不够，高品质、高颜值都必须要有；逐渐智能化，与人工智能等新兴产业有了结合；等等。

（二）国内民宿的特征

景区民宿的主要特征是离景区更近，或有更好的风景，实际上与景区内的星级酒店有异曲同工之处，只是规模比起星级酒店较小，给人的感觉比星级酒店更加亲近，还有很多的民宿支持携带宠物。

城市民宿的主要特征则是随处可见。大多在城市中的民宿都是以交通便利为推广条件，或者以江景山景为亮点之一，可能只是市民的闲置房屋打造而成，甚至一位房东只有一间房屋对外出租，成为市民的一个额外的收入来源。

民宿主打的是小资与文艺，如果星级酒店可以称为一道豪华大餐，那么民宿就是居民楼里回味无穷的私房小菜。而民宿的时尚度和新颖度也是它吸引住户的一大亮点，许多住户不仅是为了住，能拍得出好看的照片也是现代民宿不可或缺的。

（三）国内民宿存在的问题及解决办法

1. 存在的问题

（1）没有完善的管理政策。目前国家对于民宿这一小众板块，仍然没有具体的管理政策，仍然是沿用的酒店的管理方式，本质上仍然存在差异。

（2）风格上出现同质化。各大民宿在风格上出现了同质化，在"前人"通过某种风格成功后，"后人"会沿用或者模仿此风格进行装修。

（3）民宿的安全问题。之前有多次新闻报道，民宿中藏有摄像头，或是黑心店家的行为，或是前租户留下的，我们无从得知真相，却往往在无意中让私生活被他人偷窥。此外，部分民宿缺乏对消防安全、卫生安全的重视。

（4）民宿的价格差异。通过爱彼迎、携程、途家等预订平台，你会发现热门的民宿价格差异极大，在淡季只需四五百元，节假日一下涨到1000元出头。

2. 解决办法

（1）国家出台相关管理政策，从酒店管理方式中细化出民宿管理政策，以及相关部门对现有民宿进行检查等。

（2）鼓励创新，制定规划。可以由政府出面，对于新的民宿房东进行设计理念的培训，让他们意识到大同小异并不能走向成功。

（3）政府对民宿进行定期检查。不仅要进行摄像头的排查，还要进行消防安全与卫生安全的检查，如果未达标要及时进行停业整改。

（4）针对价格进行管控。定价需统一，杜绝节假日涨价甚至于发"国难财"等行为的出现。

四、重庆市主城区民宿发展问题及建议

（一）三大问题制约重庆民宿发展

近年重庆市旅游民宿行业发展较快，但与外地特别是北京、西安等旅游地市区相比，重庆市旅游民宿行业经济社会发展还仍然存在着不容忽视的一些问题。主要原因表现为以下3个方面。

1. 市场营销松散

重庆市大多数民宿业的品牌企业知名度不高，民宿企业经营者进行宣传、品牌营销的手段比较单一，主要方式还是通过"回头客"、发品牌名片和打造口碑进行宣传。

2. 创新意识不足

重庆市大部分民宿主题不突出，特色不突出。无论是民宿建筑风格、装修及软硬件配套设施等各方面，还是民宿食宿餐饮服务、体验互动分享等方面，都非常相似，缺少独特的民宿经营模式，缺乏地方文化特色。此外，宰客现象在重庆成为"网红"城市之后如雨后春笋般涌现。如解放碑、洪崖洞周边的很多"网红"民宿相似度仍然极高，缺乏特色，没有个性，可持续发展动力明显不足。另外，配套基础设施严重不足，道路及交通路标、环境卫生、停车场地、用户供水设备、用电、通信网络等各类公共设施项目建设进度滞后。

3. 安全隐患存在较多

大部分小型民宿都是处于"无监管"状态，没有跟小区治安、消防系统直接联网。有的小型民宿为方便招揽生意，住宿登记不用出示身份证，离开也不开住宿发票。有的小型民宿建筑装饰、消防材料不完全符合耐火性能要求，消防设施技术配备严重不足，从业人员普遍缺乏消防安全技能专业训练，存在很大的消防、治安等不安全、不稳定的隐患。有的一些民宿只是建在山上、江边，环境、卫生设施差，没有规范的卫生消毒和各种疾病传染的防范措施，消费者

的投诉多。

（二）三措并举推动重庆民宿花开灿烂

1. 切实加强民宿整体政策宣传

去洪崖洞游长江，到缙云山看山，在仙女山旅游度假，住南山养生……每个产业地区都应该努力打造一个地域专属的产业品牌，这样才有核心力和竞争力。重庆市在这方面还比较落后，要继续着力加快打造重庆特色民宿公共服务品牌，以公共品牌经济发展优势占领市场竞争高地。要尽快成立一批专业的民宿旅游行业服务协会，制定国家相关旅游行业民宿准入认定标准及相关行业民宿服务管理规范。对民宿形象进行行业统一的规划设计包装，以住宿民俗文化的整体主题性和立意理念为设计核心。加强与电视、电台网络等各种新闻媒体间的合作报道宣传，积极主动参与微博、微信等各种新媒体传播平台的联合开发，线上线下同时扩大提升重庆民宿的国际知名度、美誉度，让重庆民宿能够做起一个全国性的生意。

2. 不断摸索民宿发展的新思路

积极研究学习国内外先进发达地区的民宿经营项目的管理操作方法、经营运作模式，并不断结合实际情况摸索设计出一套适合自身的新型民宿行业发展经营模式。如积极引入民宿企业经营的经济保险管理机制，为民宿企业经营者有效减轻经济风险和管理负担；自行成立全市民宿投资有限公司，统一对乡村民宿旅游资源利用进行合理整合和创新开发；积极引入专业化民宿服务管理模式。

3. 严格规范民宿经营管理

相关主管部门继续加强指导和监督服务，强化对存在重大治安、卫生、消防安全隐患的民宿的排查整改，积极主动地向民宿生产经营者广泛宣传好消防和防盗等安全知识，并积极联合景区旅游、公安、消防、工商、环保等有关部门共同加强对经营民宿的公共服务设施质量、生产管理、消防设施、环境安全保护等的安全监管，形成"经常性检查＋节假日突击检查"的安全工作联动机制，确保有序健康发展，实现民宿规范经营。

河北省部分地区垃圾分类情况调查

张小一　蔡文培　陈　明　张硕阳

引　言

垃圾分类是对垃圾进行科学管理的重要方法，一般是指按一定规定或标准将垃圾分类储存、投放、搬运和处理，从而转变成公共资源的一系列活动的总称。垃圾的种类主要分为四大类，即可回收物、其他垃圾、厨余垃圾、有害垃圾。这四类垃圾还可细分成很多种类，以方便居民进行分类。垃圾分类的五大原则分别为分而用之，因地制宜，自觉自治，减排补贴、超排惩罚，捆绑服务、注重绩效。分类的目的是提高垃圾的资源价值和经济价值，力争物尽其用，减少垃圾处理量和处理设备的使用，降低处理成本，减少土地资源的消耗，具有社会、经济、生态等几方面的效益。通过对垃圾的分类，可以最大限度地实现垃圾资源的利用，减少处置量，改善环境质量，争取减少在垃圾处理中所需要的人力物力，对于建成资源节约型、环境友好型社会起着较重要的作用。

一、调研思路及准备工作

（一）调研思路

本课题研究思路如图1所示。

作者张小一、蔡文培、陈明、张硕阳，均为海口经济学院雅和人居工程学院2020级建筑类3班学生；指导教师张立，为海口经济学院马克思主义学院教师。

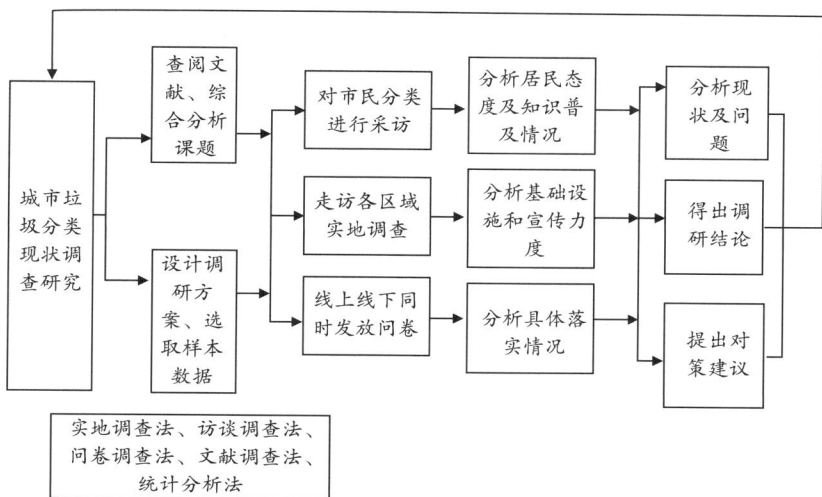

图1 河北省垃圾分类现状调研思路

(二) 准备工作

1．前期准备工作

（1）对垃圾分类的概念、内涵、相关知识、现状等进行调查分析。

（2）对垃圾分类的背景、意义、可能存在的问题、颁布的相关政策及推行进度等进行调查分析。

2．调查研究

（1）对市民进行访谈调研，了解市民对垃圾分类的态度及实施满意度，分析得出符合人民期待的对策建议。

（2）对确定调研地区的街道、公园、社区等地点进行实地走访调研，调查分析垃圾分类基础设施情况与宣传氛围，探寻亟待完善之处。

（3）线上线下同时发放调查问卷，扩大调查覆盖面，统计市民垃圾分类具体执行情况，分析背后因素，探寻解决优化之道。

（4）广泛查找文献资料，搜寻国内外先进案例与创新性解决方法，进行对比分析与合理借鉴。

3．探究问题，提出对策

（1）综合整理分析调研数据，分析政策倡导与实际落实情况之间的偏差，探究背后原因。

（2）借鉴国内外相关文献资料，统计调研数据，对比分析当前垃圾分类存在的问题，站在实用性与人民性立场提出对策建议。

（3）得出最终结论，形成调研报告。

二、调研工作的实施

（一）调研方法

在本次调研中，我们采用了实地调查、访谈调查、问卷调查、文献调查、资料收集分析整理、比较研究法等方式，力求对垃圾分类推行状况进行全方面、有重点的探究。

1. 文献调查法

对政策文献、理论文献、国内外先进经验等文献的研究。充分利用图书馆及互联网的信息资源，认真研读有关文献、资料，并对其进行进一步的整理、分析，使之运用于研究。

2. 访谈调查法

编制访谈提纲，通过个人访谈、集体访谈与电话访谈等方式了解不同地区垃圾分类情况与人们的看法。

3. 问卷调查法

对石家庄、邯郸、保定、邢台、唐山5个城市的不同群体进行问卷调查，问卷发放与回收情况见表1。

表1 问卷发放与回收情况

调查地区	发放问卷/份	回收问卷/份	回收率/%	有效问卷/份	有效回收率/%
石家庄	40	40	100	38	95
邯郸	45	45	100	42	93
保定	45	45	100	44	98
邢台	45	44	98	43	98
唐山	45	45	10	41	91

（二）调研过程

1. 前期准备

（1）搜集当地垃圾分类信息，查阅相关文献，了解专家学者对于垃圾分类的研究成果以及看法；关注社会新闻、报纸期刊，了解北京、天津、上海等地垃圾分类先进机制，与当地做比较，为后期调研比较做准备，同时加深对课题的理解。

（2）确定样本大小、调研地点、采访人员、调研路线及具体时间。

（3）在对文献资料和国家相关政策研究的基础上，有针对性地制定调查问卷、设计访谈提纲，并进行虚拟问题假设、虚拟调研场景假设，进行结论预设和调研前期准备。

（4）根据成员特长，明确小组成员的任务分工。记录每个人的联系方式，准备好材料收集的有关物品。

2. 完成调研报告

（1）根据调研结果，对收集到的信息进行综合整理，对问卷、访谈记录、照片等数据进行分类整理，筛选整理出有效数据，并对收集到的数据进行分析、制作数据图。

（2）结合前期的信息分析结果，小组成员根据实地调研、前期新闻、期刊中收集到的内容进行文献整理、报告撰写，初步完成报告内容。

（3）进行小组互查、深入讨论，并丰富完善报告内容。

（三）末期收尾工作

完成调研报告后，小组成员首先对本次活动进行自我审查，总结本次活动的心得，为下次活动留下记录和意见。同时将结果及相关建议提交到有关政府部门，争取为环境保护事业贡献我们的力量。

三、垃圾分类现状分析

（一）垃圾分类普及程度分析

1. 政府垃圾分类政策落实情况

本次调研共收回208份有效调查结果，其中17—28岁人群占66.67%，29—50岁人群占30.96%，50岁以上人群占0.91%，调查具有真实性。在河北省以石家庄、保定、邢台、唐山、邯郸为代表地区的调查中发现，目前依旧存在垃圾分类基础设施不足、居民无法获取垃圾桶信息等情况。据调查，仅有33.79%的人表示能分辨可回收和不可回收垃圾，65.3%的人表示仅仅了解一点，0.91%的人表示完全不了解（图1）。由此可见，尽管政府垃圾分类政策有制定，但是并非所有公民都了解。

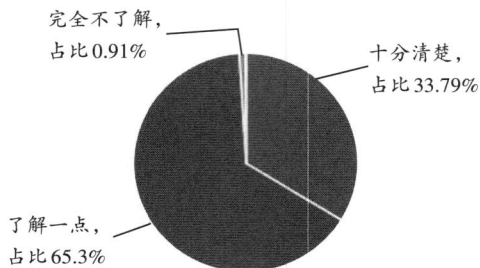

图1　能否清楚分辨可回收垃圾和不可回收垃圾

2. 垃圾分类宣传力度

在垃圾分类实施的有效宣传途径调查中，占比由高到低依次为杂志宣传、书本宣传、电视广告宣传、网络媒体宣传、政府的号召和规定。但是，在进一步的宣传调查中，63.01%的人表示只是在网络、广告、当地宣传语上见到过一点。由此可见，垃圾分类的宣传力度严重不足，需要政府和媒体加以引导。

（二）垃圾分类基础设施现状及分析

在垃圾分类的调查中，仅有48.4%的人表示生活地区垃圾投放点是分类垃圾桶；45.2%的人表示生活地区仍使用传统垃圾桶，甚至有6.4%的人表示生活地区无垃圾桶、垃圾随意堆积或者只有固定垃圾站（图2）。由此可见，河北省垃圾分类基础设施尚不完善。

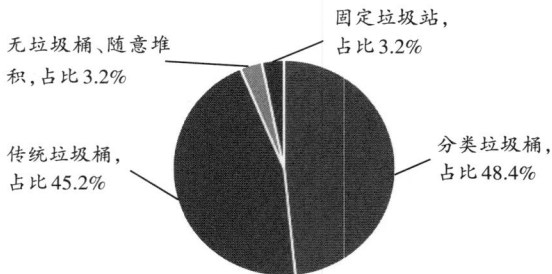

图2　居住地区垃圾桶安放情况调查

（三）垃圾分类民意调研分析

在参与垃圾分类意愿的调查中，87.21%的人表示如果对垃圾分类有一定了解且基础设施也完善，愿意参与垃圾分类活动；11.42%的人表示会看情况，有时间会；1.37%的人表示对垃圾分类活动没有兴趣，并且也不会参与（图3）。

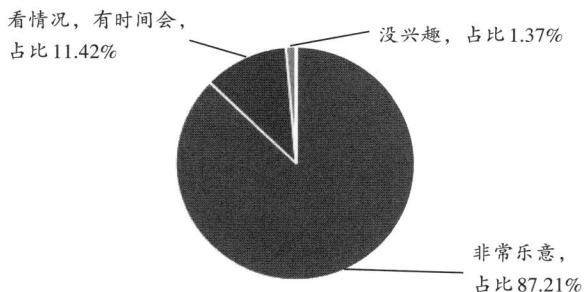

看情况，有时间会，
占比11.42%

没兴趣，占比1.37%

非常乐意，
占比87.21%

图3　公众了解垃圾分类且基础设施完善后的垃圾分类参与意愿

同时，在垃圾分类的必要性调查中，97.26%的人表示实施垃圾分类是有必要的（图4）。在这些调查结果中可以看到，公众对于垃圾分类的意愿强烈，当垃圾分类政策及基础设施完善之后，垃圾分类的现状将会得到改善。

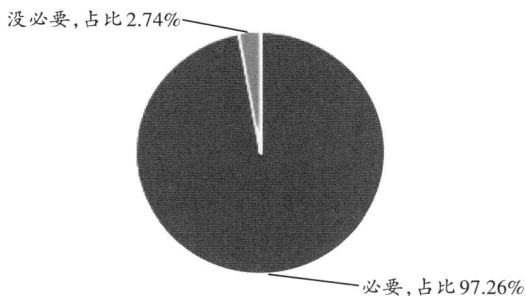

没必要，占比2.74%

必要，占比97.26%

图4　垃圾分类的必要性

四、垃圾分类存在的问题

通过调研可以看出，垃圾分类作为当前生态文明建设的基础环节，有利于改善民众生活环境，节约社会资源，美化市容市貌。在推行垃圾分类工作的过程中仍然存在着一些问题，具体如下：

（一）政府工作层面

我们发现，在政府工作层面，60.27%的受访者认为政府对垃圾分类没有制定出明确的规则制度。97.26%的受访者对垃圾分类工作表示支持鼓励，但是均认为没有政府的强制要求难以真正落实。80%的受访者都提出希望政府能够加强宣传力度，增加强制力。针对问卷数据和现场访谈内容，我们对政府工作方面存在的重点问题进行了深入分析。

1. 规章制度尚未完善，制约垃圾分类推广步伐

中共中央提出实施垃圾分类的决策后，全国各地积极响应党中央号召。然而目前仅有北京、上海等个别一线城市采取实际行动，成为全国垃圾分类工作的模范。河北省各地区政府虽及时传达相关信息，但并未制定和实施相关政策来规范垃圾分类工作。城市社区象征性地放置并不规范的分类垃圾桶，街道上象征性地悬挂垃圾分类的宣传标语，市民们也只是应付式地区分可回收与不可回收垃圾……如果地方政府只是停留于垃圾分类的表面工作，城市生态文明建设将难以取得实质性的进展。

2. 部分地区政府执行力不足，省内各地区环境差异较大

通过对石家庄、保定、邢台、唐山、邯郸5个城市进行实地考察后发现，不同地区对垃圾分类工作的落实程度不同。诸如石家庄、保定这类二三线城市的垃圾分类工作落实较好，而邢台、邯郸这类三四线小城市工作落实情况相对较落后。而且从市区和县城相比较来看，很明显市区垃圾分类基础设施较完善，县城却仍有很多地区没有开展垃圾分类相关工作。由此可以看出，部分地区并未真正将垃圾分类工作落实到位，导致省内各地垃圾分类差异较大，阻碍了河北省垃圾分类整体工作的进展。

3. 监督工作不到位，垃圾分类缺保障

经过对调研信息的统计总结后发现，一些地区已制定垃圾分类相关政策、制度，基础设施也相对完善，但民众的垃圾分类意识仍旧较弱。其中一个重要原因就是政府监管不到位。监督是推动垃圾分类标准化行动方案的有力保障。政府需要加大对垃圾分类的监督力度，制定强制性的惩戒措施，以真正确保垃圾分类工作有效开展。

（二）社会服务层面

1. 宣传教育不到位，民众意识欠缺

调查显示，63.01%的人仅偶尔在网络、广告、当地宣传语上看到过垃圾分类的宣传；73.52%的人认为当地垃圾分类宣传力度不够；有66.21%的人还不能十分清楚地分辨可回收和不可回收垃圾；还有14.16%的垃圾桶上没有标注分类信息；更令人寒心的是，仅仅3.2%的人精通垃圾分类知识。这些数据足以表明，社区对垃圾分类的宣传教育并不普及，群众基本不了解垃圾分类相关知识，更有甚者并不知晓垃圾分类这一政策。

2. 基础设施不健全，分类垃圾无处安放

在调查结果中我们发现，45.21%的人表示生活的地区仍使用传统垃圾桶；甚至有6.4%的人表示生活地区无垃圾桶或者只有固定垃圾站。在部分社区、街道、公共场所内，垃圾桶存在摆放不整齐、反着摆放的现象，存在垃圾桶盖损坏现象。在城市的一些角落内还存在老式垃圾车，极其影响市容市貌。可以看出，垃圾分类基础设施建设刻不容缓。另外，有80%的人反映：即使人们分类投放垃圾后，垃圾回收人员仍旧会将不同垃圾混在一起回收，使垃圾分类工作功亏一篑。

（三）群众生活层面

1. 环保意识薄弱，垃圾分类寸步难行

在垃圾分类的必要性调查中，97.26%的人表示实施垃圾分类是有必要的，可以看出民众给对垃圾分类的态度大体是乐观的。但并不排除还有12.33%的人在丢垃圾时没有注意到垃圾桶上的分类信息，2.74%的人认为没有必要实行垃圾分类，52.97%的人以时间匆忙为由没有将垃圾分类，可见多数民众并没有将垃圾分类看作一种生活习惯。此外，还有10.96%的人认为垃圾分类与自身利益无关，可见目前垃圾分类并没有作为一种社会责任深入人心。

2. 垃圾处理种类单一，难以全面实现垃圾分类

有40.64%的人还会将废旧电池和金属当普通垃圾处理甚至随手乱扔。人们平时会处理的垃圾大多是常见的废金属、废旧纸张和塑料，而对厨余垃圾等湿垃圾、食品袋等干垃圾处理较少。可见民众垃圾分类种类较单一，范围较小，难以实现全面细微的垃圾分类。

五、对于垃圾分类的对策建议

（一）科学决策，推动垃圾分类制度落地

调查数据显示，政府制定相关制度是促进垃圾分类的首要举措。要完成垃圾分类制度的建立，政府可以有针对性地组建专家队伍，在遵循垃圾分类客观规律的基础上，引进模范地区有效的体制机制，因地制宜地制定符合当地现状的制度。更有效的是，政府可以根据不同地区的独特性实施不同的激励或惩戒措施，促使人们行为方式和思想观念的逐步改变，实现垃圾分类制度的入脑入心。

（二）恪尽职守，完善垃圾分类工作监督机制

政府部门的监督是推动垃圾分类标准化的有力保障。一方面，各地区政府

可以积极发动社会力量，动员全民监督。各个部门加大宣传引导力度，在社会上广泛招募志愿者，引导、监督和辅导居民规范垃圾分类行为。另一方面，在网络信息一体化的今天，政府可以借助信息化平台，开展科学监督。

（三）海纳百川，推进垃圾分类工作的国际交流合作

瑞典是世界上环境法体系最为完备的国家之一；澳大利亚严格处罚乱扔垃圾者；法国会在垃圾回收后再提取有用价值；日本将垃圾清理费与垃圾袋成本费捆绑在一起……世界上很多发达国家垃圾分类工作起步早，积累了丰富的经验，可以有针对性地引进世界上先进的垃圾分类处理新技术，从而推动垃圾分类工作的有效开展。

（四）加强宣传教育，使垃圾分类理念深入人心

不断提高公众环保意识是一项长期的工作，可以从以下3个方面对公众进行引导：

（1）各级各类学校均应重视环保教育，可将环境保护知识编入教材，使学生养成牢固且良好的保护环境的习惯。

（2）垃圾分类宣传部门收集整理垃圾分类相关知识，装订成册发放，提高公众对垃圾分类的认知程度。

（3）通过报刊、书籍、电视新闻、网络媒体等舆论平台，把环境保护、垃圾分类和科普知识等大众化，尤其是在特定活动中宣传，例如6月5日世界环境日。

（五）改善市容，加强垃圾分类基础设施建设

社区应该淘汰传统垃圾箱或固定垃圾站，统一设立新型分类垃圾桶，并在桶身标明垃圾分类信息及提示。可以利用创新思维，推出新型引导方法，例如在垃圾投放处安装小型语音装置，提醒民众正确分类垃圾。环卫部门须改变过去的垃圾混合收运的状况，对分类后的垃圾，配备不同的车辆运到不同的目的地。